高校体育教学与训练发展研究

汪 丽 董春玉 焦瑞胜 著

全国百佳图书出版单位
吉林出版集团股份有限公司

图书在版编目(CIP)数据

高校体育教学与训练发展研究 / 汪丽，董春玉，焦瑞胜著. --长春：吉林出版集团股份有限公司，2023.12
ISBN 978-7-5731-4529-1

Ⅰ.①高… Ⅱ.①汪… ②董… ③焦… Ⅲ.①体育教学－教学研究－高等学校 Ⅳ.①G807.4

中国国家版本馆 CIP 数据核字(2024)第 032807 号

高校体育教学与训练发展研究
GAOXIAO TIYU JIAOXUE YU XUNLIAN FAZHAN YANJIU

著　　　者:	汪　丽　董春玉　焦瑞胜
责任编辑:	王晓舟
技术编辑:	王会莲
开　　　本:	787mm×1092mm　1/16
字　　　数:	218 千字
印　　　张:	11.75
版　　　次:	2024 年 5 月第 1 版
印　　　次:	2024 年 5 月第 1 次印刷

出　　版:	吉林出版集团股份有限公司
发　　行:	吉林出版集团外语教育有限公司
地　　址:	长春福祉大路 5788 号龙腾国际大厦 B 座 7 层
电　　话:	总编办 0431－81629929
印　　刷:	吉林省创美堂印刷有限公司

ISBN 978-7-5731-4529-1　　　　　　定价:70.00 元
版权所有　侵权必究　　　　　　举报电话:0431－81629929

前言

社会的发展和进步需要人才,而高校是我国人才培养的主要阵地,肩负着教书育人的重要使命。新时代的人才不仅要具备扎实的理论知识、较强的实践能力,还要具备健康的体魄。高校体育教学作为高等素质教育的重要组成部分,对学生提高身体素质、培养坚强意志、塑造人格魅力、树立终身体育意识有着极其重要的作用。

在高校体育教学工作中,既需要进行体育教学,又需要保证运动训练。体育教学和运动训练虽然在性质、形式上存在相同之处,但是在教学目的、教学手段以及管理方面又完全不同。在高校体育教学工作中,将体育教学和运动训练有效结合,进行优势互补,有助于体育教学工作的高效进行。

本书主是高校体育教学与训练发展方面的研究。本书首先对高校体育教学进行概述,然后详细介绍了高校体育教学方法、高校体育教学模式和高校体育教学设计,之后对高校运动训练的管理进行研究,最后分别论述了高校体育教学基础运动训练指导和高校体育教学球类运动训练指导。本书内容丰富,结构合理,思路清晰,对培养学生终身体育意识具有指导作用,对从事体育教学相关专业的人员有一定的参考价值。

笔者在撰写本书的过程中,参考和借鉴了部分学者和专家的研究成果,在此向其作者表示诚挚的感谢。由于学识有限,书中难免有疏漏与不妥之处,敬请广大读者批评指正。

目录

第一章　高校体育教学概述 …………………………………… 1
　第一节　体育教学的概念与性质 ………………………………… 1
　第二节　体育教学的原则 ………………………………………… 3
　第三节　体育教学价值观 ………………………………………… 14

第二章　高校体育教学方法 …………………………………… 19
　第一节　体育教学方法概述 ……………………………………… 19
　第二节　传统体育教学方法与学习方法 ………………………… 24
　第三节　符合现代教育理念的体育教学方法 …………………… 31
　第四节　高校体育教学方法的创新与发展 ……………………… 34

第三章　高校体育教学模式 …………………………………… 41
　第一节　体育教学模式概述 ……………………………………… 41
　第二节　常见的体育教学模式及应用 …………………………… 44
　第三节　体育教学模式的发展趋势 ……………………………… 54

第四章　高校体育教学设计 …………………………………… 57
　第一节　体育教学设计的理论 …………………………………… 57
　第二节　体育教学设计的过程与评价 …………………………… 63

第五章 高校运动训练的管理 …… 73
第一节 高校运动训练的管理原理和方法 …… 73
第二节 高校运动训练的管理内容 …… 82

第六章 高校体育教学基础运动训练指导 …… 91
第一节 田径运动训练指导 …… 91
第二节 体操运动训练指导 …… 103
第三节 游泳运动训练指导 …… 114
第四节 健美操运动训练指导 …… 129

第七章 高校体育教学球类运动训练指导 …… 135
第一节 篮球运动训练指导 …… 135
第二节 排球运动训练指导 …… 140
第三节 乒乓球运动训练指导 …… 146
第四节 羽毛球运动训练指导 …… 151
第五节 足球运动训练指导 …… 160
第六节 网球运动训练指导 …… 172

参考文献 …… 177

第一章　高校体育教学概述

第一节　体育教学的概念与性质

一、体育教学的概念

(一) 教学的基本含义

"教学"是一种动态行为,是教学工作者对具体的学科或技能组合进行的一种有组织、有计划的教学行为。可以从宏观和微观两个方面对教学的含义进行分析。

首先,从宏观角度分析,教学是一种特殊的教育活动,它是指教学者以一种或多种文化为对象,对受教者进行教育,以期让受教者获得这种文化的活动。其中的教学者是掌握某种知识或技能的人,他与接受教育的人共同构成教学的主体。

其次,从微观意义上讲,教学是一种直观的教师进行教授和学生进行学习的活动。在这个活动中,教师是教学的引导者,是教学活动的组织者和知识传授者;学生是教学的"受众"和主体。简而言之,教学是一种以特定文化为对象的"教"与"学"的活动。

综上所述,教学是一种教育活动,这种活动需要教师和学生的共同参与,并为了实现某一具体的教学目标而相互协作。

(二) 体育教学的概念分析

与其他形式的教学一样,体育教学同样需要系统的组织与管理,但是,与其他学科教学不同的是,体育教学对教学环境的要求更高,所需器材和教学场地更加严苛。因此，体育教学并不是一种随意的、随心而行的教学活动，更不能将其等同一种课余的休闲娱乐活动，它需要很多要素的构成才可以正常、合理、科学地开展。

从本质上来讲，体育教学主要在学校环境中进行，主要参与者是体育教师和学生；具体的活动内容为学生在教师的组织和指导下，对体育相关的基本知识、体育运动技能、体育运动素养进行了解、掌握和提高；教学的目的在于促进学生的身心健康发展，完善学生的个性心理特征，提高学生的社会适应能力，使之成为社会需要的人才。

体育教学过程中，体育教师应在充分认识和理解体育教学概念的基础上，将教学的概念与体育相关知识相结合，从而形成新的教学内容与教学方法。

二、体育教学的性质

性质是决定事物本身与其他事物的最根本的区别，性质不同的两种事物其带来的表象自然有一定的区别。体育教学和其他学科的教学的最根本的区别就在于它本身所具有的体育教学性质。这种性质使其具有以下特征。

第一，体育教学的教学地点多为户外。

第二，教学中师生都要承受一定运动负荷与心理负荷。

第三，教学过程是身体活动与思维活动的结合，并且还有比较频繁的人际交往。

第四，体育教学侧重发展学生身体时空感觉以及运动智力。

第五，教学更加关注学生自我操作与体验等。

现代体育教学最重要的教学形式就是体育运动技能的教学，它是体育育人的主要方式。而对于运动技能的传授也是体育教学与其他学科教学的主要区别之一。在体育教学中，学生全面掌握体育运动技能，需要经过几个教学阶段（认知阶段、练习阶段与完善阶段）才能实现。具体来说，在体育运动技能的认知阶段中，学生与体育运动技能之间的联系最为密切，该阶段教学的主要目的就是学生对所学技能的结构、要素、关系、力量、速度等要素进行表象化的认识，从这一角度来看，体育运动技能仅仅是学生提高身体素质、完成技术动作的一种方法，因此可以认为，运动技术不具有人的特性，而只是一种"操作性知识"。

通过以上论述，可以认识到，体育教学的本质就是一种针对运动技术和知识的教学，在体育教学中，学生学会了运动知识并将之转化为运动技能，体育教学的本质就达成了。

第二节 体育教学的原则

一、体育教学原则提出的客观依据

原则就是指人们说话办事依据的准则和标准。在人类教育发展的过程中，人们通过总结各种教学实践经验，研究教学工作的成败，发现了教学成功的规律，提出了各种各样的教学原则。教学原则是依据一定的教学目的任务，遵循教学过程的规律而制定的对教学的基本要求，是指导教学活动的一般原理。教学原则来源于教学实践，是人们经过长期的教学活动，对教学客观规律进行的归纳和总结，它体现了人们对教与学的发展过程所反映出来的客观规律的认识。

教学规律是客观存在的，不以人的意志为转移，是教学过程中固有的、本质的、必然的、内在的联系。人们只能发现它和利用它，不能违背它、改变它。教学原则是人们根据对教学过程规律的认识而制定的，要搞好教学工作就必须遵循教学要求。同时，教学原则是主观对客观的反映，有正确与错误之分，它可以随着教学实践的变化而变化。教学原则是根据教学规律制定的，只有教学原则正确地反映了教学规律，教师在教学中很好地掌握和利用了教学原则，教学才能取得成功。所以说，教学原则与教学规律是一致的，它们在教学活动中都具有很大的指导意义，在教学中，二者都是必不可少的。

教学原则不是随意提出来的,它的提出主要有下面几点客观依据。

(一) 体育教学目的是体育教学原则的重要依据

体育教学原则的制定和实施要依据一定的教学目的。体育教学就是要实现一定的教学目的,完成一定的教学任务。任何一个教学原则或教学原则的体系的提出,必须服从于一定的教育目的。我国社会主义教育的目的,是使受教育者在德、智、体、美、劳五个方面都得到发展,成为从事社会主义现代化建设的有用人才。这一目的从总体上规定了社会主义学校教学活动的发展方向和预定的发展结果,指导和支配着教学活动的各个方面。教学原则作为指导教学活动的基本要求,必须遵循和反映这一目的。

(二) 体育教学原则是体育教学经验的概括和总结

体育教学原则的制定要依据体育教学实践经验。体育教学原则是长期体育教学经验的概括和总结。实践是检验真理的唯一标准,体育教学实践经验对体育教学原则的制定永远具有重要意义,它不仅是制定体育教学原则的依据,还是检验体育教学原则的标准。体育教学原则的正确性和实效性不是由人的主观意愿来决定的,体育教学实践是唯一的检验标准,通过体育教学实践可以进一步修正、完善体育教学原则。人们在体育教学实践的过程中,不断探索出了成功的经验或失败的教训。对于这些经验和教训,教师要反复思考,不断地总结和深化,由感性认识上升为理性认识,经过抽象概括,对体育教学规律有所认识,从而制定体育教学原则。

(三) 体育教学原则是体育教学规律的反映

体育教学原则反映的是体育教学过程的客观规律,它的提出必须以体育教学过程的客观规律为依据。然而,因为受很多因素的影响,人们对体育教学过程规律的认识又是不相同的。人类对体育教学过程规律的认识是逐渐接近的,而不是一成不变的,这些情况使得不同年代、不同教育家所提出的体育教学原则也不同,但都反映了人们对体育教学规律一定的认识水平。体育教学原则与体育教学规律的不同在于：体育教学规律是客观存在的，是不以人的意志为转移的，人们可以认识它或利用它，但不能制造它或消灭它；体育教学原则则不同，一方面它固然要有对教学规律的认识，另一方面又必然地加进了制定者的主观意志因素。因此，研究和制定体育教学原则时，必须深刻认识和了解教学规律。

（四）体育教学原则的意义与作用

在整个体育教学过程中，体育教学原则是教学过程的出发点，它在一定程度上决定着体育教学内容的安排、体育教学方法的选择和体育教学组织形式的运用。体育教学原则确定之后，它对体育教学活动中的内容、方法、手段、形式的选择都有着积极而重要的作用。教学论原则体系就是对学习和掌握教材的基本途径的总体说明。体育教学原则产生于人们长期的体育教学活动实践中，它本身凝结着众多优秀教师的宝贵经验。因此，科学地体会教学原则在人们体育教学活动实践中的灵活运用，对体育教学活动有效、顺利地开展，对提高体育教学活动的质量和效率都会有着积极的作用。

体育教学活动越是符合体育教学原则，体育教学活动就越容易成功；反之，体育教学活动越是脱离体育教学原则的要求，体育教学活动就越可能失败。但由于体育教学活动是在不断发展的，并且体育教学模式多种多样，不同的体育教学模式需要不同的体育教学原则与之适应，因而体育教学原则也处在不断变化与发展之中。所以，正确地理解和贯彻体育教学过程中的客观规律，对明确体育教学目的、选择与安排好体育教学内容、正确地运用体育教学方法、提高体育教学效果、加速体育教学进程、完成体育教学任务具有重要意义。

学习和掌握体育教学原则能使教师按照体育教学的客观规律组织体育教学活动，正确解决体育教学内容、体育教学方法和体育教学组织形式等一系列理论与实践问题。遵循体育教学原则进行体育教学工作，就能提高体育教学质量，达到预期的体育教学目标；如果违背了体育教学原则，则会事倍功半，甚至劳而无功。

二、体育教学原则体系的构建

体育教学原则体系是指反映体育教学规律的多个原则不是孤立分散的，而是有机地相互联系的组合。只有建立一个科学完整的体育教学原则体系，才能发挥体育教学原则对整个体育教学过程以及体育教学活动的各个基本环节的指导作用。要取得体育教学的成功，就必须把整个体育教学原则体系综合地运用起来。体育教学原则的作用在于保证学生获得知识、技能和技巧，而这些原则又是相互关联、相互支持的，可以构成一套相对独立的体系。实际上，由于学生在学习过程中各种智力因素和非智力因素是相互联系的，形成了各自相对独立的体系，而体育教学原则正是在这个基础上制定的，因此必然会形成一套体系。

可见，体育教学原则既有共同性，也有特殊性，对不同的学生应采取不同的体育教学原则体系。无论从哪个角度或出发点来建立体育教学原则体系，都必须突出体育教学的特点，体现体育教学特点的内容，这也是制定体育教学原则最为基本的要求。

（一）师生共同协作原则

所谓师生共同协作原则，是指体育教学活动中，体育教师在充分发挥主导作用的同时，还要充分调动学生学习的主动性和积极性，使体育教学过程完全处于师生协同活动、相互促进的状态之中。它的实质就是要处理好体育教师与学生、教与学的关系。师生共同协作原则是体育教学过程中教与学相互影响与作用规律的反映。教学是教师的教和学生的学相互作用的活动过程。在这个过程中，体育教师的活动与学生的活动只有朝着一个共同的方向，相互配合、相互协调，才有可能取得比较好的体育教学效果，完成体育教学任务。体育教学实践中要实现师生共同协作原则，须遵循以下几点要求。

1. 发挥体育教师的主导作用

体育教师应充分发挥在体育教学中的主导作用，在教学过程中要培养学生的学习兴趣。师生活动的协同，不仅是体育教师积极地教，更重要的是学生能够积极地学，也就是让学生主动地参与和适应体育教学过程。体育教师必须教给学生学习的方法，培养学生独立的思维能力，使学生真正获得学习的主动权，在遇到问题时，要引导学生做出正确的选择或找到解决问题的办法，不能让学生放任自流。在体育教学过程中，需要教会学生掌握更多的学习方法。体育教师要在传授知识技能的同时传授学习方法，根据体育课程的特点，教给学生学习的方法。教师要在体育教学中向学生做出科学学习方法的示范。体育教师还可以在课后定期召开学习经验交流会，使学生学到有效的学习方法。体育教师要想很好地发挥主导作用，就必须具有较高的素质，以高质高效的工作去满足社会和学生的需求，有能力、有水平、有方法、有热情地去组织实施体育教学活动。所以，体育教师必须提高自身素质教养，这样才能在体育教学过程中对学生进行很好的教育，使学生懂得更多的知识。

2. 调动学生学习的积极性和参与意识

教学的启发性表现在采取有效的方式，激发学生学习的积极性，引导学生自己解决问题。在体育教学中，通过启发性的提问、正误对比的示范、做动作前的想象回忆，以及组织学生互相观察、互相帮助，鼓励学生完成动作时进行自我评定和自我调节等措施，促进学生积极思维，提高学习的自觉性。要想知道体育教师在体育教学中对学生的启发教育工作做得如何，就是看他在教学中是否善于引导学生开动脑筋去思考问题，学生是否主动地去学习。

体育教师在教学中的主导作用是否发挥得好，这主要看教学是否充分尊重了学生的主体地位，是否充分调动了学生的主动性，是否积极地鼓励学生参与教学活动。在体育教学中，教师要着重培养学生的独立性和创造性，培养学生独立解决问题的能力和创造性地运用所学的知识、技能、技术的本领。所以，体育教师在课堂中要引导学生敢于提问题，善于提问题，学会用多种方法解决同一问题，以便使学生的思维得到锻炼。

3. 依据教学任务确定教学内容

体育教学要想激发学生的主动性和积极性，教学内容和要求就必须符合学生的实际需要和兴趣。教学内容过难或过易，标准过高或过低，学生无法完成教学任务或很容易就完成了教学任务，这些都会影响到学生的积极性和主动性。体育教师应该根据学生的具体情况和教学任务来确定教学内容，在教学中制定符合学生实际情况的参照标准。有了参照标准，就可以对不同的学生进行正确的评价、估计，不断鼓励和鞭策学生，使学生努力达到制定的标准，让学生有成就感，这样就可以增强学生学习的信心，有效地激发学生的积极性和主动性。

4. 培养学生对体育学习的浓厚兴趣

要使学生积极主动地参与体育学习，完成体育教学任务，前提是学生对体育学习感兴趣。如何培养学生对体育学习的兴趣，这就需要体育教师在教学实践中善于发现学生学习的特点和心理倾向，这个问题还有待进一步研究。

首先，通过体育教学活动使学生不断有新的进步，从而获得成就感，这就获得了成功的体验。一个人在实践中对某一事物产生兴趣，往往是由于取得了进步或成功，受到鼓励或赞赏并获得满足感后而逐渐形成的。为此，体育教师应努力使学生具有良好的学习状态，树立学生学习的信心，使他们看到自己的进步。

其次，学习的兴趣与学习的动机是相互关联的，有的学生通过考核取得了好成绩，就会表现出对学习的主动性和积极性。如果通过努力取得了更大的成功，获得了鼓励和赞赏，再通过教师的正确引导和帮助，就可能会使兴趣得到巩固和提升。所以，在体育教学中教师要注意培养学生的学习兴趣，使学生的兴趣和正确的学习动机结合起来，逐渐对体育学习产生更大的兴趣和爱好。

（二）因材施教原则

因材施教原则要求体育教师在教学中从实际出发，根据不同对象的具体情况，采取不同的方法，进行不同的教育，使每个学生都能在各自原有的基础上得到充分发展。在教学中教师要正确理解和重视因材施教原则,并认真贯彻好因材施教原则,杜绝用一个固定的尺度去衡量所有学生,否则会阻碍学生的个性发展。体育教学中贯彻因材施教原则时,要遵循以下几点要求。

1. 深入细致地了解学生

要想在体育教学中要贯彻因材施教原则,教师必须研究和了解学生,这是整个教学的根本出发点,也是因材施教原则的前提条件。教师研究和了解学生,就是要弄清每个学生的兴趣、爱好、性格特点、学习态度、知识基础、健康状况以及家庭、社会背景等。教师可以通过问卷调查、查阅资料和咨询等方法对学生进行细致的了解,找出每个学生存在的个体差异,并对这些个体差异进行全面的分析,在此基础上考虑区别对待的对策。对于学生的个体差异,教师要区别对待,要用发展的眼光看问题,要具体情况具体分析。

2. 因材施教与统一要求相结合

统一要求是指按照国家统一规定的教育目的、教学计划来进行教学。教学要达到国家所规定的基本要求就必须按照统一要求来完成教学任务。体育教师要教育和要求学生正确处理好体育学习与发展个人兴趣、爱好、特点的关系,使他们能够按照国家的统一标准努力学好课程知识。在实施统一要求的同时,教师再根据个别差异进行重点指导,使学生充分发挥个人的特长。有了统一要求,体育教学才会有共同的标准规格,才不会降低教学水平;教师做到了因材施教,才能有效地使学生得到充分发展。

3. 正确对待学生个体差异

每个学生的身体素质、心理特点、兴趣爱好、知识掌握的程度等方面都有可能存在差异,这些差异在体育教学中的影响是相当复杂的。一个学生可能在某些方面表现出长处,而在其他方面则表现出短处,或者在其他方面存在着差异。比如在思考问题方面,有些学生思维敏捷,反应较快,善于逻辑推理;有些学生则可能反应比较迟钝。这些差异的形成原因是多方面的,有的是个性特点的表现,也有的是学习上的成败体验造成的。体育教师必须对学生表现出的差异特点进行全面而具体的分析,区别对待,处理好这些个体差异以避免给体育教学带来负面影响。同时,体育教师要明白,这些个体差异具有不稳定性,某一方面的短处在一定条件下是可以转化为长处的。所以,教师要用发展的眼光看问题,正确看待个体间的差异,引导学生互相帮助、互相学习、互相评价等。通过开展一些活动和教育使师生在思想上共同具有正确对待个体差异的认识和行为。

4. 通过各种教学形式创造因材施教的条件

在体育教学活动中,教师要采用多种教学组织形式来进行因材施教,根据不同类型的学生采取有针对性的、灵活多样的措施。对身体条件好和运动技能强的学生,教师不仅要发现他们,更重要的是要采取有效的措施精心培养他们,为他们进一步发展创造良好的条件和提出更高的要求;对身体条件和运动技能比较差的学生,教师可以单独给他们补习功课,给予特别的关怀和照顾,并深入研究他们的心理活动特点,从实际出发,制定一套适合他们情况的教学措施。另外,还要针对不同的学生制定不同的教学形式,提出不同的教育措施。通过多种教学形式使全体学生都能有进步,使每个学生都能体验到学习和成功的乐趣。

(三)促进身体健康与全面发展原则

体育教学的首要任务就是要促进身体的健康,帮助学生实现全面发展。"健康第一"是体育教学最重要的思想,体育教师要把增进学生身体健康与学生的身心全面和谐发展有机地统一起来,把传授体育知识、技能、技术与培养能力、发展个性统一起来,全面实现体育教学目标。体育教学就是通过身体的练习促进学生身体各器官机能的发展,提高身体健康水平,达到强身健体的目的,使学生有充沛的精力完成各项教学任务,并为终生体育奠定基础。有了健康的身体,才能更好地发展学生的感知、观察、判断、想象、创造性思维能力,才能培养学生健康的情绪和情感、良好的社会行为、高尚的道德和情操,使学生各方面都得到

第一章 高校体育教学概述

和谐发展。在体育教学中要贯彻促进健康与提高学生整体发展的原则，须遵循以下几点要求。

1. 全面贯彻教学大纲提出的目标和要求，发挥好体育教学功能

体育教师要认真学习、掌握体育教学大纲精神，把"健康第一"的精神作为最重要的指导思想。在贯彻教学大纲精神的同时，教师还要注重基本理论知识的教学，让学生从书本上学到更多的知识，了解健康的价值，以便更好地实施体育实践活动。教师要加强学生的心理健康教育，教育学生热爱生命，增强身体健康，适应社会各种环境，增强心理承受能力和遇到挫折时的承受能力。

2. 通过体育基础知识的学习，使学生学会自我学习

体育与健康的基础知识在体育教学中起着重要的作用。通过理论知识、基本技术、基本技能的教学，促使学生主动地学习，使学生学会学习，学会自我锻炼、自我评价，学会科学的锻炼方法，这样学生就能够在良好的学习氛围中快乐、主动地进行学习，为身心健康、全面发展和终身体育奠定基础，从根本上学会学习、学会做事、学会做人。

3. 体育教学必须通过各种方法促进学生身体各部位全面健康发展

体育教学活动就是要在提高基本技术、基本技能的基础上，促进学生身体各部位、各器官、各系统的机能和基本活动能力的全面发展。人体是在大脑皮层统一调节下的有机体，尽管身体任何运动都是相互联系、互相制约的，身体上某一运动器官的活动，都会对其他部位生理机能有促进作用，但是如果经常进行单一的身体项目，偏于某个部位或某一器官的活动，就会造成身体某些部位的畸形发展，影响整个身体的全面健康发展。因此，体育教师要注重运用多种教材、多种手段、多种方法进行适合学生身体健康发展的教学，有计划地对学生身体进行科学、全面的训练，系统地提高健康水平，使学生身体均衡、健美、健康地发展。

4. 教学计划应结合体育教学促进学生身心全面发展

教师在制订体育教学计划时，应结合体育教学，把促进学生身心全面发展贯穿于整个教学过程中，要使学生达到全面锻炼的效果；合理安排各项教材内容，结合各教材内容的特点，相互弥补各教材内容的缺陷，以使学生更好地进行练习，使学生身心得到更好的发展。体育教学具有很多特点，它还会受季节、场地器材、气候等条件的限制。因此，仅仅通过短时间的教学，就达到全面锻炼的目的是不现实的，只有把长时间的教学看成是一个完整的过程，才能做出合理的、全面的安排。一个完整的教学过程是由每一节课组成的，所以，教师必须重视每一节课的教学安排，使教学内容尽量全面。

5. 在体育教学的各个阶段中，注意促进学生全面和谐发展

在体育教学中，制定教学任务、选择教学内容和运用各种教学手段与方法时，都应注意增进学生健康，并促进学生全面和谐发展。体育课的活动包括身体各部分的活动，既要能提高身体素质，又能促进身体各部位的发展，还要有针对性地安排某些身体素质的内容，这样才可以弥补基本教材对身体全面发展的不足。

（四）适量性原则

适量的身体运动负荷原则是指在体育教学活动中，根据体育教学的特点，合理安排学生能够接受的生理负荷和心理负荷，使练习与间歇合理交替，使机体不断适应新的负荷的刺激，以满足学生锻炼身体和掌握运动技能的需要，达到增进健康、增强体质的目标。在体育教学中贯彻适量的身体运动负荷原则，需要满足以下几点要求。

1. 适量的身体运动负荷要遵循体育教学的目标

适量的身体运动负荷的最终目标就是锻炼身体和提高运动技能，只有科学地安排运动量，才能更好地实现教学目标。合理安排身体的运动量对实现体育教学目标起着决定性作用，教师不能忽视运动对教学目标的影响，更不能一味地追求相同的运动量或大运动量，教师要让学生意识到这一点，并合理地安排身体的活动量。

2. 通过科学的教学方法合理安排适量的身体运动负荷

体育运动项目及练习的方法多种多样，有的运动量大，有的运动量小，有的运动强度大，有的运动强度小。因此，教师在设计体育教学内容时，要考虑到运动量的问题，以进行科学合理的搭配和必要的教材改造。教学过程是一个不断学习发展的过程，教材的各个阶段有着不同的任务和特点，因此，教师要根据教学过程的不同阶段的特点来合理地安排运动量。

3. 适量的身体运动负荷要符合学生的身体发展状况与发展需要

适量的身体运动负荷是要让学生科学地进行身体锻炼，既满足学生身体发展的需要，又体现对学生身体的无害性，而这些都决定了学生的身体发展情况。教师要想合理地安排学生身体运动负荷，就必须了解学生的身体发展各个阶段的特点，了解学生身体发展的科学原理，了解各项运动的特点。

4. 要因人而异地安排适量的身体运动负荷

每个学生承受的能力不相同，同样的负荷可以产生不同的负荷效果，不同的负荷也可以产生相同的负荷效果，所以教师应考虑学生的整体情况，根据所了解的学生身体的具体情况，因材施教地安排适量的身体运动负荷。

（五）直观性原则

直观性原则是指在体育教学过程中，充分利用学生的多种感官和已有的经验，积极引导学生感知事物，使学生获得直接经验和感性认识。

1. 用直观的语言启发学生的积极思维

在体育教学中，教师要用生动的语言进行讲解、描述。教师要用语言帮助学生对知识进行重新组合，构成新的表象或想象，这就要求教师用生动、精炼、直观的语言进行讲解，用通俗易懂、丰富有趣、生动形象的比喻把学生的运动经验和生活经验结合起来，使学生明确动作要点，更好地掌握运动技术技能。

2. 运用各种方式进行直观教学

在体育教学中，为使学生更形象、更生动地进行运动技能的学习，教师要充分利用各种方式进行直观教学。例如，教师可以利用视频或图片对动作进行分解，使学生了解动作技术细节，以及动作的时间、空间关系。

第三节　体育教学价值观

从一定的角度来说，体育的历史就是体育观不断变革的历史。体育观的更新始终是体育持续发展的先导。体育是什么？体育对个人和社会的发展有什么意义？对这些问题的看法就是体育价值观。因而也可以说，体育观的核心就是体育价值观。

一、关于体育价值观的基本认识

（一）体育的发展过程是对体育价值的认识逐步深化的过程

体育作为一种社会现象，它是随着人类社会的产生而产生的，也是随着人类社会的发展而发展的。它的发展历程总是与体育功能的扩展和对体育价值的认识的逐步深化紧密联系在一起的。

1. 体育的产生与体育的价值密切相关

从心理学的角度来看，人的所有行为的产生都有其心理依据，而"需要"是诱发动机和产生行为的动因。甚至还有人把"需要"看作人类的"激活剂"，认为人类的生活和大量的活动都是受到"需要"的激励。如果按照马斯洛的需要层次论划分的话，在原始社会，人类的需要都是处于低层次的需要，即生存和安全的需要。为了生存，人们必须觅食，从事生产和打猎活动；为了安全，他们必须与野兽和敌人搏斗，要躲避袭击，有时需要快跑和攀登爬越。在这些活动过程中，奔跑、投掷、攻防、攀登等基本的体育技能开始萌芽，而这些技能掌握的多寡和觅食的能力、安全的程度有着直接的关系。因此，人们为了改善生存和生活条件，就必须传授和提高这些技能，这时体育的价值就开始显现出来，由此可见，体育的产生与体育的价值是密切相关的。

2. 社会化程度的提高扩充了体育的价值

随着历史的进步、社会化程度的提高，人们的需要逐渐从低层次向中等层次发展。在满足了基本的生存和安全需要后，人们又产生了学习的需要、娱乐的需要和医疗保健的需要。在满足这些需要的过程中，体育始终扮演着非常积极的角色，展现了它特有的价值。

3. 社会文明程度的提高，使体育价值得到了更充分的体现

当人类进入现代社会后，随着社会文明程度的提高，人们在工作中减少了身体活动，体力劳动强度降低，脑力劳动强度提高，生活节奏加快，竞争加剧，精神压力和心理负荷增大，因此产生了许多"文明病"。为了适应竞争日益激烈的社会环境，提高生活质量，人们需要保持体能，需要松弛紧绷的神经，需要宣泄情绪，需要防治"文明病"，而这一切都可以借助体育得到解决。这些问题的解决过程也就是体育价值的实现过程。

(二) 两种体育价值观的比较

体育的变革在很大程度上都是体育价值取向的调整。在现代体育中，长期存在着手段论价值观和目的论价值观两种体育价值观。

1. 手段论价值观和目的论价值观的价值取向

手段论价值观认为，运动的目的是以运动为手段来培养社会所需要的人才，体育教学必须根据国家提出的教学目标的需要来确定教学内容和设计体育方法体系。其价值取向的重点是为满足国家需要而规定的社会目标。直到现在，手段论价值观在我国的学校体育中仍具有相当的市场。

目的论体育观认为，运动的目的在于运动自身和以运动为手段，使作为运动主体的人得到满足。它的价值取向和重点是使学生的需要得到满足，从而实现学生的全面发展。因此，在教学中教师必须根据学生的需要制定教学目标，确定教学内容和设计体育方法体系，使教学手段与

教学目标相一致，教学目标与主体需求相统一，这与当前教育界提倡的素质教育思想是吻合的。

2. 手段论价值观和目的论价值观基本内涵的比较

手段论价值观和目的论价值观的主要分歧是在价值的取向上——侧重满足社会的需要，还是满足作为行为主体的学生的需要。价值取向不同，行为主体的地位、个体发展的方向和教学内容的选择都会不同，课程结构也会有所差异。

在行为主体的地位上，两种价值观也有所不同。由于手段论价值观考虑的是社会的需要，所以主体的行为要以社会的需要为出发点，强调严格按教学计划和教学大纲实施，行为主体的主动权较少，处于从属地位。目的论价值观认为：学生是体育教学活动的行为主体，教学活动要以满足学生的需求为目的，教学大纲要具有灵活性，教学内容要具有选择性，教学手段要具有针对性。这就充分体现了学生的主体地位，有利于促进学生素质的全面发展。

在个体的发展方向上，两种价值观存在着类似科学主义教育思想和人文主义教育思想的差别。手段论体育观关注的是运动技能的掌握和合理的运动负荷的影响，重视行为主体生物学特征的改善，以自然科学范畴的生理学、解剖学、生物力学和生物化学等为理论基础，而对学生人文精神的培养、非智力因素和能力的发展重视程度不够。而目的论价值观所重视的内容恰恰涵盖了手段论价值观所忽略的范畴。目的论价值观不反对掌握适宜的运动技术、技能和承受合理的运动负荷，同时，其非常注重学生积极的学习态度的建立、情意目标的实现和体育乐趣的体验，注重学生交际能力和团队精神的培养以及学习质量的提高。

在教学内容的选择上，手段论价值观强调的是体育内容自身的逻辑关系，奉行按部就班，讲究全面系统、整齐划一，对主体的客观实际情况考虑得较少，因而容易出现教学内容、教学需求和学生实际不一致，主观与客观不同步的现象。目的论价值观在教学内容体系的构建上，主要从学生的学习需求出发，根据学生实际和教学目标选择教学内容。目的论价值观对教学内容的分类以满足学生的发展需求为标准,因此,其具有教学内容多、选择余地大的特点。当然这个教学内容多是针对全体学生而言的,主要是供选择的内容多,具体到每个学生仅仅在这个范围内选择个人爱好的、有利于个人身体素质发展的内容就可以了,而不需要被动地、过多地去学习那些指令性的教学内容。

在课程结构上,因为手段论价值观追求运动技术的掌握和技能的形成,强调合理的运动负荷,所以课程结构比较固定,组成课程的各个部分比较规范,教学过程过于程序化。而目的论价值观在学生掌握知识技能的基础上,重视态度和情意的培养,注意教学过程中学生愉快的情绪体验,营造有利于学生人格完善和个性才能发展的环境。要达到这个目标,就必须采用较为灵活的课程结构,并随时根据教学内容、课堂教学目标和教学发展情况的变化进行调整,促进学生全面发展。

二、体育教学的基本价值内涵

（一）从知识形态的转化来看体育教学的基本价值

通过教学活动使学生获得了他人总结的知识,这是古今中外一切教学活动的共同特征,也是实现其他教学价值的基础。这些需要教师根据学生的实际去挖掘、剖析,使之进一步升华。

（二）从教学的功能看体育教学的基本价值

体育教学的功能主要体现在两个方面：一是继承功能;二是发展功能,即有效地促进学生身心的发展。从教学的功能来看,体育教学的基本价值在于使学生获得知识、发展能力、养成良好品格和掌握科学有效的方法。

（三）从素质的培养看体育教学的基本价值

培养与提高学生的综合素质,是教学活动最根本的价值。人们把人才素质归结为德、识、才、学、体五个方面,而这五个方面都不是孤立存在的,它们互相渗透、互相包容,有些甚至互为条件,它们组成的基本因素归根结底还是知识、能力、品格和方法。体育教学作为一个发展身体，增强体质，传授锻炼身体的知识、技能、技术，培养道德和意志品质的教育过程，在学生素质构建中除了具有与其他教学活动共有的功能外，还为学生科学锻炼身体提供理论和方法的指导，使其增强体质、提高健康水平，这一点是其他学科所不能替代的。因此，体育教学对于学生素质的培养也是非常重要的。

第二章　高校体育教学方法

第一节　体育教学方法概述

一、体育教学方法的概念

国内外学者对体育教学方法概念的界定有以下共识。

第一，体育教学方法是体育教学系统的重要组成部分。

第二，体育教学方法与体育教学系统其他要素之间有着非常密切的关系。体育教学方法服务于体育教学目标和体育教学任务，并能促进体育教学目标和任务的实现。同时，体育教学方法又受体育教学内容的制约。

第三，体育教学方法是"教"与"学"的统一，可有效促进师生的双边互动。

第四，体育教学方法受到特定的教学理论的指导。

第五，与其他科目教学方法相比，体育教学方法在注重教学语言要素的同时，更加注重动作要素。

综合我国学者对体育教学方法的研究，一般认为，体育教学方法是为实现体育教学目的而采用的手段、方式、措施和途径等的总和。

二、体育教学方法的分类

体育教学活动是师生间的双边活动，包括教师的"教"和学生的"学"两个方面。因此，体育教学方法可以分为教法和学法两种类型。

（一）教法

教法是体育教学过程中的教师层面的教学方法，可以具体理解为教师的授课方法。

1. 知识技能教法

教法类教学方法包括基本知识的教法和运动技能的教法。

（1）基本知识的教法

基本知识主要是指体育运动项目的基本理论知识，基本知识教法就是针对这些理论知识开展教学所使用到的教学方法。

一般来说，体育基础知识的学习主要是抽象知识的学习，具有一定的难度，不像体育运动技术那样可以直观地、生动形象地展现，这就要求教师在体育教学过程中应深入了解学生的知识基础、思维能力，选择相应的教学方法进行教学。应尽量选择具有操作性的教学方法，并注意与体育运动实践相结合。

（2）运动技能的教法

运动技能的教法不难理解，即通过相应的教学方法来很好地向学生呈现技术动作，帮助学生理解运动技能的概念、构成、完成过程等，对于提高学生体育运动技能具有积极作用。运动技能的教法应便于运动技能规律与特点的揭示，便于具体的技术动作的形象化、生动化展示。

运动技能教法应用特点如下：

第一，教师通过教学方法的科学选择与实施，促进学生对具体的运动技能的掌握。

第二，充分考虑与教学体系中其他要素（如教学内容）的关系，结合教学内容分析，运用相应方法帮助教师完成教学任务。

第三，结合实际教学情况，充分发挥教学方法灵活多变的特点，随机应变，在体育教学活动中灵活处理各种教学要素。

2. 思想教育法

思想教育法是展现体育思想教学内容的教学方法。开展相应的思想教育时，教学方法的选择应考虑到体育思想、体育道德内容展示的特点，并有利于学生的体育价值观念、体育精神、体育道德、体育意志品质等的发展与提高。

（二）学练法

1. 学法

学法的主体为学生，在体育教学中，学生的学法就是了解和掌握体育相关知识的方法，通过具体学法的选择与应用，促进学生对体育知识、技能的掌握。

在体育教学过程中，学生的选择学法时应注意以下几点。

第一，选择的学法有利于掌握教学目标所要求的基本知识与技能，并结合个人情况有所发展。

第二，应重视体育知识、经验及自身体能与新知识、技能的有机结合，使体育技能学练符合自身身心发展规律与特点。

2. 练法

练法指的是学生的运动训练方法，其是实现体育教学目的的重要方法和途径，只有选择正确的且适合自己的练法，学生才能不断提高自己的运动水平。

体育是一门身体实践性非常强的学科，各种体育知识、技能都需要通过体育活动实践才能被学生理解和掌握，并在之后的体育活动参与中表现出来，这就需要学生在体育学习过程中结合具体的学习任务、目标、自身实际情况科学、循序渐进地参与体育运动训练，不断提高自己的体质、体能、运动心理水平，并进一步促进自我体育运动专项体能、技能和心理能力的发展。

三、体育教学方法的特点

（一）实践操作性

与其他学科不同，体育学科的学习更多时候需要学生进行各种各样的身体练习。因此，在体育教学过程中，教师选择教学方法应充分考虑到学生的具体的身体活动开展的可操作性，同时还应考虑客观的体育教学条件能否为体育教学活动的组织提供必要的物质支持。

体育教学方法的实践操作性受体育身体活动的基本性质影响，同时，也受到学生的体育活动参与形式的影响。因此，教师选择与实践教学方法时，应结合具体教学实际对教学方法进行必要的修正，如果教学方法中的某一个环节和形式安排可能在接下来的教学活动开展中受阻，那么教师应该灵活变通。教学方法不能只停留在理论层面，应落到教学实践中，符合教学实践。

（二）多感官参与性

体育活动的开展过程是师生的身体活动参与过程，教师与学生进行各种体育技术动作示范、练习，都需要充分调动身体各部分的组织和系统的功能，整个有机体的各个器官和组织、系统都要充分调动起来。例如，教师通过动作示范教授学生某一项具体的体育运动项目的技术动作时，学生要用眼睛去看动作，用耳朵去听讲解，用肢体去感受动作感觉。因此说，体育学练的过程，就是学生有机体多感官共同参与的过程。

在体育教学中，为了获得良好的体育教学效果，体育教师在选择和运用教学方法时应注意教学方法是否能充分调动学生多种感官的积极参与，优化教学效果。

体育教学方法对学生的多感官的调动主要表现如下：

第一，在体育运动参与和学习中，学生需要进行思维、感知、记忆和想象，需要利用眼睛、耳朵等感受器官对运动的方向、用力的大小和动作的幅度等进行感知，以形成正确的动作定式。

第二，在形成正确的体育动作的基础上，将所接收到的教学信息进行整理、分析，通过不断重复技术动作，最终实现技术动作的正确和精细。

（三）时空功效性

根据学生的学习认知规律和动作技能形成规律，体育教学方法在教学实施的各个阶段都表现出体育教学活动的时空性特点。

体育教学开始阶段，教师作为教学主导者，指导学生进行相应的学习活动，进行相应的分析、示范和指导。

体育教学期间，学生的主体作用不断增强，学生通过认知、分析和练习，掌握相应的知识和技能。

体育教学结束阶段，教师进行相应的总结和分析，对学生的学习过程、学习效果进行客观、全面的评价与分析，并预告下次教学内容，实现本次课与下次课的时空有效衔接。

（四）动静交替性

体育运动教学与训练应保持动静结合，这主要是受运动者个体运动负荷承受范围的影响，同时也是体育教学的基本规律和特点。

体育教学方法的"动"指的是技能学练。体育运动技能的学习与掌握必须通过实实在在的身体练习来进行，体育教学过程中的各种体育教学方法都是为了促进学生更积极地去参与各种身体活动，使他们通过体育活动实践来学习和掌握体育技能。

体育教学方法的"静"指的是合理休息。学生在体育学习过程中，其生理方面和心理方面都要持续地不断受到刺激，并承受一定的负荷，时间久了会导致疲劳，影响学习效果与质量。因此，需要安排学生进行合理休息，包括积极休息和消极休息。

（五）师生互动性

体育教学活动的开展，需要师生共同参与，教师不应该只是组织活动让学生参与，还要在体育教学活动中，适时地融入学生的学练、发现、探索活动中去，及时给予学生正确的教学指导。教学方法的应用应有助于教师、学生积极参与体育教学活动，并促进师生互动。

（六）继承发展性

体育教学方法具有一定的继承发展性特点，这一特点主要体现在每一种教学方法都不是万能的，都存在着一定的优点与缺点，只有符合时代发展的方法才能取得良好的教学效果。随着学校体育教学的不断发展，体育教学方法也会随之更新与完善。

第二节　传统体育教学方法与学习方法

一、传统体育教学方法

（一）语言教学法

语言教学法，就是教师通过语言表达来阐述体育教学知识、文化、规律、特点、技术构成、教学活动安排与过程实施的方法。学生通过教师的语言来了解教学过程并参与到学习过程中去，掌握必要的教学知识点。

常用的语言教学法有以下几种。

1．讲解教学法

即教师通过语言讲解来开展教学。讲解法通常用于体育理论教学，讲解过程中，教师应充分考虑学生的理解能力与认知能力的特点与水平。

讲解法的使用要点包括以下几个方面。

（1）讲解要明确，突出教学内容重点、难点、特点

在体育教学中，教师对于教学内容的讲解必须有明确的目的，不能漫无目的地讲解，否则会使学生抓不住重点，不能理解教师的用意，导致学习效率低下。

（2）讲解要正确

教师要注重讲解内容（包括历史文化、动作术语、技能方法等）的准确描述。

（3）讲解要生动、简明、有重点

教师的讲解应有利于学生更好地理解教学内容。例如，生动形象的

讲解可加深学生的认知,因此,教师应重视对技术动作的形象化描绘,可以适当加入肢体语言帮助学生理解。再如,关于概念、技能难点的讲解应有重点,把握关键技术讲解,更便于学生掌握动作要领。

(4) 讲解要通俗易懂、深入浅出

教师要善于运用对比、类比、提问等方式进行启发性教学,这有利于学生积极思维,使学生举一反三,触类旁通,学以致用。

2. 口头评价法

口头评价是体育教学中非常重要的教学方法。教师既可以在课堂上及时、快速地给予学生最直接的评价、提醒,也可以在教学结束之后,对学生的课堂表现进行口头点评。

根据评价性质,口头评价有如下两种。

(1) 积极评价

教师对学生的评价是鼓励性的、表扬性的。

(2) 消极评价

教师对学生的评价是负面的,以批评为主。消极评价会打击学生的学习积极性,因此,教师应掌握必要的语言沟通技巧,要就事论事,不能过分打击学生,更不能进行语言方面的人身攻击。

3. 口令、指示法

口令、指示具有高度概括性,在体育教学过程中,教师可以借助简短的字词给予学生必要的提示。

口令、指示法的应用要求如下:

第一,教师应发音清晰、声音洪亮。

第二,教师应尽量使用正面、积极的词汇,并注意提示的时机。

第三,教师应合理把握口令和指示的节奏。

在体育教学实践中,教师采用口令、指示法时,尽量做到语言精练,言简意赅。

(二) 直观教学法

体育教学方法中的直观教学法是教师进行动作示范,或采用照片、视频等方式，使学生通过观察获得正确的动作概貌，并加深对动作的理解。

体育教学中常见的直观教学法有如下几种。

1. 动作示范法

在体育教学中，教师通过对教学内容的动作示范，来使学生对所要学习的项目技术动作有一个生动形象的了解，使其熟悉动作结构和要领。

动作示范教学法的运用应注意以下几点。

(1) 明确示范目的

教师在进行动作示范之前，要明确示范的目的是什么，要展示什么。

(2) 示范动作正确、流畅

教师进行教学动作示范，是为了给学生提供必要的技术动作模仿对象，因此，教师的示范动作必须正确，避免误导学生。

(3) 示范位置合理

体育教学中，教师的动作示范应让每一个学生都能够清楚地观察到。

(4) 示范应与讲解结合起来

通过示范、讲解，充分发挥学生的视觉、听觉、触觉等各种感官的作用，以更好地加深学生对正确技术动作方法的理解与掌握。

2. 教具与模型演示

使用图表、照片和模型等直观教具辅助教学，使学生更加易于理解相应的技术结构和动作形象。教师利用教具与模型进行演示教学时，应注意以下几点。

第一，提前准备教具、模型。

第二，向学生全方位地展示教具、模型，在介绍具体器材的使用方法时可以让学生动手体验。

第三，注意教具与模型的使用与维护。

3. 案例教学法

案例教学法就是在体育教学中，通过举例子使学生更容易理解体育教学内容的教学方法。

案例教学法应用要求如下：

第一，举例恰当，避免举无效案例。

第二，对案例的分析尽可能详细，并注意多角度（如攻、守）分析。

4. 多媒体教学法

多媒体教学方法是现代体育教学中被较多使用的方法，与传统的课堂板书教学不同，多媒体教学能令教学内容的展示更加生动形象。教师利用多媒体可以向学生分析动作的细节，通过动画和视频演示，可以将每一个动作精确到秒上，通过重放、慢放、定格等操作方法，使学生更深入、系统地学习知识，掌握技能。

多媒体教学法的使用需要多媒体教学设备的支持，也需要教师具备一定的多媒体设备操作能力。

（三）完整教学法

完整教学法是体育教学中广泛应用的一种教学方法，该教学方法重在完整地、不间断地演示整个技术动作过程，通常在体育教学实践课中运用。

在体育教学过程中运用完整教学法时应注意以下几点。

1. 讲解要领后直接运用

教师在对体育运动技术动作进行分解讲解后，示范整个技术动作，使学生能流畅地模仿完整的技术动作。

2. 强调动作练习重点

对于较为复杂的动作，教师应明确讲解、示范重点，使学生正确把握技术动作难点。

3. 降低动作练习难度

降低动作难度以便于学生完整练习，待学生熟练后再按标准动作进行完整动作学练。

（四）分解教学法

分解教学法是与完整教学法相对应的一种教学方法，适用于复杂和高难度体育项目的技术动作教学。具体是指在体育教学实践中，教师分解完整的技术动作，通过各个阶段、环节的逐个教学，最终使学生掌握整个技术。教师在对技术动作进行分解教学时，应注意以下两个方面。

第一，对技术动作的分解要科学，不能破坏各环节之间的有效衔接。

第二，分解后的技术动作依次教学，熟悉后注意组织学生对学习环节前后的衔接结合练习。

（五）预防教学法

学生在学习过程中不可能一下子就准确掌握知识要点、动作要领，难免会犯各种各样的错误，教师针对学生的学习错误，应及时预防和纠正。

预防教学法是教师针对学生的错误认知、错误动作提前采取阻断措施的教学方法。

预防教学法的应用要求如下：

第一，体育教学中，教师应在讲解过程中不断强化正确认知，避免学生产生错误认知。

第二，教师在备课时可结合自己的教学经验对学生可能会犯的错误做好预案。

（六）纠错教学法

纠错教学方法是教师在学生出现认知、动作错误后，及时帮助学生纠正错误的教学法。

纠错教学法的应用要求如下：

第一，纠错时，教师应注意对正确技术动作的讲解，使学生明确产生错误的原因，及时改正。

第二，结合外力帮助学生明确正确技术动作的本体感觉。

预防和纠错相辅相成，和预防相比，纠错的针对性更强，要求教师认真分析学生错误的原因，并有针对性地结合错误的源泉采取相应的纠正措施，并给出改正方向与方法。

（七）游戏教学法

游戏教学法是教师通过组织游戏使学生完成预定教学任务的教学方法。这种教学法的应用比较广泛，在体育教学的初期和其他各时期都经常被使用到，在调动学生的体育学习积极性与主动性方面具有积极的作用。

游戏教学法的应用要求如下：

第一，所开展的各项游戏应与具体的体育教学内容相适应，应与教学内容相关。

第二，游戏的内容、方式应选择学生感兴趣的内容、方式。

第三，游戏开始前，注意游戏规则、目的的讲解。

第四，游戏过程中，强调学生的积极努力、同伴的协同配合。

第五，游戏过程中，教师应监督学生在游戏中的行为，避免学生破坏规则，如有发生应实施"惩罚"。

第六，游戏结束后，教师应对学生进行客观、全面的评价。

第七，注意安全。

（八）竞赛教学法

竞赛教学法是通过组织教学竞赛来开展体育教学的方法。竞赛教学法重视学生的体育运动技能的实践检验，也重视学生在运动中的角色体验以及人际关系处理，并可以促进学生的运动心理的调适与完善。竞赛教学法在学生的身体运动素质、竞技能力、心理素质、社会性关系处理等方面都具有积极意义。竞赛教学法的教学应用要求包括以下几个方面。

1. 明确竞赛目的

例如，通过足球运动竞赛提高学生的足球运动技能水平。

2. 合理分组

各对抗队的实力应相当。

3. 客观评价

对竞赛过程中学生完成动作的质量予以客观的评价，并指出改进的方向和方法。

在体育教学实践中，教师不应只专注于使用一种教学方法，也不能不考虑教学实际，应多种教学方法交叉和叠加使用。上述各种体育教学方法的应用应结合具体的教学情况和学生情况进行科学选择，最终促进体育教学质量的不断提高。

二、传统体育学习方法

（一）自主学习法

所谓自主学习法，即学生积极主动、独立自主地进行体育学习的方法。学生在学习过程中，主动发现、分析、探索、实践，当然，整个学习过程需要教师的必要的指导。

高校体育教学中，教师在指导学生进行自主学习时，应做好以下几方面的工作。

第一，教师应针对学生的水平、特点，为学生安排难度适当的体育教学内容。

第二，教师可帮助学生制定学习目标，指出学生通过自主探索应该达到什么水平，解决哪些问题；学生应根据自身的知识储备和能力水平，明确学习目标。

第三，学生应根据自身情况，对照学习目标，进行积极的自我调控，并及时改进教学方法和教学策略。

第四，教师必须认识到，组织学生进行自主学习不等于对学生放任不管，教师仍要间接参与学生的整个学习过程。自主学习并非意味着教师放任不管，在教学过程中，教师应时刻关注学生的学习情况，如果学生的学习偏离预期，应及时予以引导。

（二）合作学习法

合作学习指的是在教师的指导下，学生在小组或团队中通过任务分解、责任分工、协同互助，完成共同的学习任务。合作学习能够提高学生的学习能力、合作能力。在教学过程中，合作学习的具体操作步骤如下：

第一，教师根据教学内容确定相应的教学目标。

第二，教师引导学生组成学习小组。

第三，全体学生在教师的指导下，根据教学内容确定相应的教学目标。

第四，确定各小组研究的课题，引导学生自己进行小组内的具体分工。

第五，小组成员合作完成小组学习任务与目标。

第六，不同小组进行学习和交流，分享研究成果，发现问题，取长补短。

第七，教师关注、监督学生学习，推动各小组活动顺利开展。

第八，教师评价，帮助学生总结。

第三节　符合现代教育理念的体育教学方法

在"以人为本""健康第一""终身体育"等新的教学理念指导下，体育教学越来越重视学生的体育学习体验，并越来越重视学生的学习积极性与主动性的发挥。

一、现代创新体育教法

（一）探究教学法

探究教学法，也称指导发现教学法，是一种充分发挥学生的能动性的教学方法。体育教学中，在教师有意识的体育教学中，学生经历教师所设计的各个教学环节，发现问题，讨论问题，并处理和解决问题。

探究教学法符合现代教育教学理论对学生的要求，也是新体育课程强调学生主体性理念的重要表现，因此在体育教学实践中日益受到重视。

探究教学法的体育教学应用有机结合了教师的"教"和学生的"学"两个方面。探究教学法主要适用于战术、攻防关系、技术要点的教学，具体应用程序如下：

第一，学生预习教师所要教授的教学内容时，发现问题。

第二，教师以指导语的方式改造所授教学内容，并且将一些相关的观察结果和分析的直观感知材料提供给学生，使学生自行解决学习中遇到的困难和问题。

第三，体育教学中，重视对特定教学环境的建设，使学生在积极探索、研究的过程中获得知识和掌握技能。

第四，教师进行教学分析归纳总结。

（二）多元反馈教学法

新课程标准要求重视学生在体育教学中的地位，重视和谐师生关系的建立，而多元反馈教学方法正是强调教师与学生之间在学习过程中融洽与合作关系的教学方法。该方法更加突出师生之间、生生之间进行信息交流与反馈的及时性，教学过程中，重视通过对学生的积极性、主动性和创造性的激发和调动，促使教学信息的多向传递，促进学生通过系统的知识学习实现自我发展。

多元反馈教学法运用于高校体育教学是一种新的尝试，教学中，应注意以下几点。

第一，以信息的相互反馈为主要的线路，在教学过程中，教师与学生之间，学生之间，学生与教材、媒体之间都要做到信息的及时、有效反馈，这也是提高体育教学效果的关键所在。

第二，教师要善于及时、准确地捕捉各种反馈信息，并进行整理分析，做出准确的判断，修正教学过程。

第三，教师应对所反馈信息的正、负影响做出准确判断，及时向学生进行反馈，帮助学生更好地了解自身存在的问题和不足，从而有针对性地进行改正。

二、现代创新体育练法

（一）模式训练法

模式训练法是根据规范式模型进行的训练。和其他训练方法相比，模式训练法主要有以下两个特点。

1. 信息化

必须先收集到有关该情境、环境、条件的信息，才能进行针对性的训练。

2. 定量化

训练内容、方法、步骤等应进行定量控制，以便随时调整、完善训练。

（二）动作组合训练法

动作组合训练是对多个技术动作的综合融合训练，适用于操类运动、球类运动基础的技术动作练习。这种训练方法可令训练内容更加丰富、多变。

1. 动作递加法

递加法是将两个和多个动作衔接起来进行练习的方法。当学生学会一个动作或组合时，必须及时与前面动作或组合衔接起来进行练习。动作递加法的操作程序如下：

第一，学练 A，学习 B，连接 A＋B。

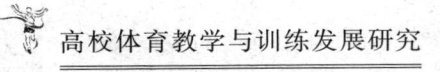

第二，学练 C，连接 A＋B＋C。

第三，学练 D，连接 A＋B＋C＋D。

2. 过渡动作法

过渡动作法是在新动作之前或组合与组合之间加入一个或一段简单易学的过渡动作的方法。过渡动作法的操作程序如下：

第一，学练 A，学习 B，连接 A＋B。

第二，学练 B，学习 B＋N。

第三，学练 A＋B＋N。

第四，学练 C，连接 A＋B＋C＋N。

第五，学练 D，连接 A＋B＋C＋D。

3. 动作组合层层变化法

层层变化法是在原有的组合中每次按顺序只改变一个动作，使之过渡到另一个动作组合的方法。层层变化法的操作程序如下：

第一，学练动作 A、动作 B、动作 C。

第二，改变动作 A 后，学练动作新 A、动作 B、动作 C。

第三，改变动作 B 后，学练动作新 A、动作新 B、动作 C。

第四，改变动作 C 后，学练动作新 A、动作新 B、动作新 C。

（三）信息化虚拟训练

信息化虚拟训练，具体是指通过信息技术创新虚拟训练环境，注重运用现代生物力学技术与计算机技术模拟视觉效果，在虚拟的情境中进行体育训练活动。

第四节　高校体育教学方法的创新与发展

一、高校体育教学方法的发展趋势

（一）多元化

体育教学的复杂性决定了体育教学方法的多元化发展。体育教学发展至今，已经有了许多教学方法，随着体育教学的不断发展，必然会出现更多的体育教学方法。

单一的教学方法是无法实现教学目标的，新课程改革的开展与深化也要求必须创新教学思路与方法。丰富的体育理论知识体系和运动技能、复杂的技战术、多元化的体育教学系统的多元化都在客观上要求体育教学方法的多样化与多元化。体育教学方法的多元化能为体育教师的体育教学提供多种选择，进而实现体育教学更加科学的组织与开展。

现代体育教学中，随着新课程改革的开展与深化，综合考虑多方面影响因素，争取教学方法的多元化优化创新是体育教学发展的必然趋势。

（二）现代化

科学技术的发展为人们的生活提供了便利，在教育领域，新技术的应用为教学模式和教学方法的创新提供了技术支持。随着体育教学各项技术的逐渐发展，其教学方法也必然呈现出现代化的发展趋势。

传统高校体育教学理念与方式已经表现出局限性与落后性，传统课堂板书、单纯体能训练（苦练）的教学方法已经与现代社会与学生的发展需求严重不符，加快高校体育教学方法创新是高校体育教学改革的必然，而且创新意义重大。

通过先进的现代化设备，教师能够对学生的身体素质有更加深刻的了解，从而更好地制定运动训练的负荷量。在教学管理方面，现代化设备能够为学生的学习和生活提供更加便捷的服务。而体育理论教学中，多媒体、计算机软件等的运用，使得体育教学更加生动形象。

在科技发展迅速的大环境下，科学技术的进步对教学方法的影响是极其深远的。多媒体技术教学、移动通信教学、网络教学等诸多新的体育教学方法，充分运用了先进科技，为学生的体育学习创设了更加快捷、生动、形象和立体化的教学情境，符合当下学生的学习习惯与需要，优化了教学效果。

（三）民主化

民主化教学是现代体育教学改革中所提倡的一种新的体育教学理念。民主化的体育教育有两个方面的要求：其一，体育教育面向全体学生，每一个学生的体育参与都是民主的；其二，呼吁体育教学中的师生民主，体育教学的民主化是大势所趋。

随着体育教学过程中民主意识的崛起，民主化的体育教学方法也得到快速发展。教师在体育教学方法的选择过程中，应关注到体育教学中的民主化条件、氛围的创设，让学生在良好的教学环境中学习。

（四）合作化

现代体育教学实践中，只运用一种教学方法不可能完成教学任务，这就需要对多个教学方法进行综合使用，这就是体育教学的合作化。

体育教学方法的合作化是体育教学方法的重要创新策略。目前，自主学习、合作学习等推崇民主教学的教学方法已经在我国高校得到广泛应用，极大地促进了教学目标的完成和学生的全面发展。

一方面，注重学生合作的教学方法选择，有助于培养学生的体育合作意识，是培养与发展学生社会性能力的科学有效途径，从而实现体育的社会性教育功能。

另一方面，多种各具特点的体育教学方法的综合运用，可以最大限度地发挥不同体育教学方法的优势。多种不同特点的教学方法的优化合作，不仅能够有效地提高学生的技战术水平和知识水平，还能够培养学生的合作意识和良好意志品质，是对多元体育教学方法的一种"优势放大"，有利于体育教学效果的完善和教学质量的提高。

（五）个性化

体育教学中的教学方法面向的是全体学生，但不同的学生之间存在各种差异，这就需要体育教学方法在选用过程中突出个性化，能随着学生各方面的变化进行适当的调整。个性化的教学方法对于学生的发展具有重要的意义，能真正实现每一个学生都能有所发展和进步。

传统体育教学过分强调教师对教学的指导，教师的教学活动忽视了学生个体之间的差异性，学生的体育学习比较被动。新时代背景下，随着新的体育教学理念、新的科学技术在体育教学中的应用，现代体育教学中教学方法的个性化发展成了可能，并拥有了科学化的操作路径，能促进体育教学中的学生个性化发展。学生的个性化发展要求教师应根据学生的具体情况，采用不同的体育教学方法进行教学。这对于提高学生的体育学习兴趣，充分调动学生的体育学习积极性与主动性具有重要的意义和作用。

二、高校体育教学方法的科学选择

高校体育教学方法丰富多样，不同的教学方法各有优点与特点，要想真正发挥教学方法在高校体育教学中的作用，就必须重视教学方法的科学选择。具体来说，高校体育教学方法的科学选择依据主要有以下几个方面。

（一）依据教育理念选择教学方法

教学理念对教学方法的选择有重要指导作用，教学方法的选择应以最新的教育理念为指导，具体要求如下：

第一，体育教学方法的选择应体现"以人为本"，并有利于提高学生体育学习与参与的积极性，培养学生"终身体育"意识。

第二，体育教学方法的选择应体现出学生在体育教学中的主体地位，激发学生的积极性与主动性。

第三，体育教学方法的选择应重视对学生的体育意识、体育能力的培养，为学生走出校门、走向社会继续参与体育奠定知识与技能基础。

（二）依据教学目标选择教学方法

体育教学目标是科学选择体育教学方法的重要依据。依据体育教学目标选择体育教学方法的要求如下：

第一，从体育教学的总体目标要求出发，保障每一节课的教学目标和总体教学目标都能实现。

第二，充分考虑教学媒体的选用能否实现本次课的教学目标，结合目标选用不同的教学媒体和不同的教学方法。

第三，教学方法要充分考虑具体教学活动安排所要实现的每一个小的教学目标。例如，为让学生巩固技能，教师应多采用练习法、比赛法等；为了教会学生新技能，教师应多采用讲解、示范、分解、模仿练习等教学方法。

（三）根据教学内容选择教学方法

教学方法的选择必须充分考虑教学内容。具体要求如下：

第一，体育教学方法的选择应有利于体育教学内容的实施，如技术动作教学，应采用主观的示范法；原理教学，应采用语言讲解教学法。

第二，体育教学方法的选择应充分考虑教学内容的表现方式。例如，对于技术动作的教学是图片展示更直观便捷，还是多媒体教学展示更生动细致，这些都需要教师综合教学内容与表现形式综合考虑。

（四）依据学生特点选择教学方法

学生是体育教学的对象，教学活动的开展不能离开学生，否则教学就没有任何意义。对于体育教师来说，体育教学方法的科学选用是为更好地促进学生体育学习服务的，所以在具体的教学方法选择中应重点考虑学生的特点。

在体育教学中，教师在选择教学方法时，不仅要考虑学生群体特点，还要考虑学生个体特点。具体来说，根据教学对象特点选择教学方法，应重点关注以下两个方面。

第一，就学生群体特点来说，要抓住学生群体的共性，选择能涵盖学生共性的、有针对性的体育教学方法。

第二,就学生个体特点来说,关注学生的个体差异,针对不同学生采用不同的教学方法。

(五)依据教师条件选择

体育教师是体育教学的组织者、指导者,是体育教学活动的安排者,也是体育教学方法的选择者、实施者,因此,教学方法选择应充分考虑教师的相关条件。具体要求如下:

第一,体育教师在选择教学方法时应考虑自己是否能对其进行科学有效的实施,充分发挥出该教学方法的优点。

第二,体育教师在选择教学方法时应充分考虑该教学方法是否符合自己的教学风格和性格特征。

总之,在体育教学方法的选择过程中,教师应认真审视自己,根据自己的实际特点来选择合适的教学方法,以便于扬长避短,最终达到更好的教学效果。

三、高校体育教学方法的优化创新

(一)教学方法的科学优化

随着现代体育科学的不断发展,不断有新的体育教学方法被提出并应用到体育教学中去,体育教学方法体系不断得到丰富。体育教学中,教师的优化创新意识越来越强,但也不乏会出现为了创新而创新的现象,这种现象违背了体育教学的客观规律,忽视了体育教学中的学生、教师、教学条件等客观实际,是一种不科学的创新。

教师要实现体育教学方法的优化创新,就要注重对教学方法和教学现实的深入分析,充分了解不同教学方法的特点,针对具体教学内容、教学对象特点,甄选出最佳的教学方法。对教学方法的合理运用是科学组织与实施体育教学的重要前提,也是体育教学方法优化创新的前提。

(二)教学方法的组合创新

教学方法的组合创新是现代体育教学方法科学发展的必然趋势和要

求，具体是指以合作学习法为基础来进行教学方法的优化创新。从本质上讲，教学方法的组合也是对原有教学方法的一种优化措施。

随着社会的飞速发展，传统教学方法不断被完善，新的教学方法不断出现，高校体育教学中，教师应对教学方法的各优势要素进行组合创新，从而最大限度地发挥不同体育教学方法对体育教学的促进作用。

第三章　高校体育教学模式

第一节　体育教学模式概述

一、教学模式的定义

教学模式是人们按照一定原理设计的具有相应结构和功能的教学活动模型。教学模式综合考虑了从理论构想到应用技术的一整套策略和方法，是设计、组织和调控教学活动的方法论体系。教学模式是对教学经验的概括和系统整理，教学实践是教学模式产生的基础，但教学模式不是已有的个别教学经验的简单呈现。同时，教学模式被看作沟通理论与实践的桥梁，既能用来指导教学实践，又能为新的教学理论的诞生和发展提供支撑，其在二者中起中介的作用。

二、体育教学模式的构成

体育教学是一个可控的开放系统，在这个系统中包含了教学思想、教师和学生、课程教材、教法学法、场地器材及结构程序等诸多要素。体育教学模式的研究就是对体育教学活动中各要素之间组合的整体设计。系统科学整体优化原理认为，任何系统只有通过要素和结构的优化，才能实现其整体功能的优化。根据系统科学的原理和体育教学模式的概念特征，人们认为体育教学模式主要由以下要素构成。

1. 教学思想

教学思想是教学模式赖以建立的理论或思想，是支撑教学模式这座大厦的基石。

2. 教学目标

教学目标在体育教学模式中处于核心地位，对其他四个因素具有一定的制约作用。教学目标是教学活动实施的方向和预期达成的结果，是一切教学活动的出发点和最终归宿。教学模式是为了实现一定的教学目标而创立的，如果没有目标，它的存在就没有任何价值。

3. 操作程序

操作程序即教学环节或步骤，在体育教学中主要是指在时间上展开的逻辑步骤以及每个步骤的主要做法等。任何体育教学模式都具有一套独特的操作程序，操作程序只能是基本的和相对稳定的，而不是僵化的和一成不变的。

4. 实现条件

实现条件即体育教学模式中的手段，它是对操作程序的补充说明，为教师正确选择和运用教学方法提供合理的、必要的建议。其主要内容包括人力条件、物力条件和动力条件，如学校的基础设施、教师和学生、教学内容、教学的时间和空间等。

5. 评价

不同的教学模式依据的教学思想、所要完成的教学目标、操作程序和实现条件不同，其评价的方法和标准也不同。任何教学模式都要有自己的评价标准和方法。

教学思想、教学目标、操作程序、实现条件、评价五个要素有机结合，相互作用，构成完整的教学模式，任何一个要素发生变化，就会形成不同的教学模式。因此，教师在体育教学实践中要具体问题具体分析，选用合适的教学模式，以保证教学的成功。

三、体育教学模式的特点和功能

（一）体育教学模式的特点

随着体育教学理论研究和教学实践的深入开展，出现了各种各样的体育教学模式。尽管体育教学模式的种类繁多，但它们都具有以下五个基本的特征。

1. 整体性

教学模式是由教学思想、教学目标、操作程序、实现条件、评价五个要素构成的有机整体，必须从整体上把握其理论原理。体育教学模式不是一种或几种教学方法的简单组合，而是体现了教学思想、教学目标相互联系的教学过程的结构。因此，体育教学模式具有整体性特征。

2. 简明性

教学模式是简化了的教学结构理论模型，一般用精练的语言、象征的图像、明确的符号表达出来，被称为"小型的教学理论"。在体育教学中，采用适当的教学模式既能使那些凌乱纷繁的实际经验理论化，又能在人的头脑中形成一个比抽象理论更具体、简明的框架。

3. 稳定性

体育教学模式的确立，标志着新型的体育教学过程结构的确立，既然是结构就必然有相当的稳定性。所谓"稳定性"，就是指无论在什么时候运用这种教学模式，其基本的程序和主要的环节都不应有大的变化。如果某种教学模式在不同人和不同时间运用时都会产生大的变化，那就说明这个教学模式还没有真正建立起来。教学模式的稳定性保证了它指导体育教学实践的可行性。

4. 操作性

可操作性是教学模式区别于一般教学理论的重要特点。教学模式不是空洞的理论，而是便于把握和运用的具体程序。这是因为体育教学模式总是从某种特定的角度揭示教学规律，比较接近教学实际，容易被人们理解和操作；同时，它的产生并非为了思辨，而是为了便于把握和运用。

5. 开放性

一种教学模式形成以后并不是一成不变了，而是需要人们在实际的操作过程中不断对其进行修正、补充和完善，使其针对性和应用性更强，因而体育教学模式具有开放性的特点。这也表明体育教学模式不能教条化、模式化，要与时俱进。

（二）体育教学模式的功能

1. 中介功能

体育教学模式的"中介"功能是指它既是一定的体育教学指导思想、体育教学相关理论的具体体现，又能为体育教师提供具体的操作程序和操作策略，有利于教师更好地开展教学实践活动。教学模式是教学理论研究和教学实践之间的一座桥梁。教学理论具有抽象性和普遍性，要想发挥其指导教学实践的作用，必须对其进行适当的转化，有效途径之一就是将其转化为一定的教学模式。

2. 调节与反馈功能

实践是检验真理的唯一标准，根据具体的教学条件、环境和具体的教学指导思想安排的体育教学模式最终要受到实践的检验。如果在具体的操作过程中，某种具体的教学模式没有达到教学目标，则应对操作过程中的各环节、各因素进行具体分析，找出其中的利弊，分析原因，从而为下一阶段的教学程序设计与实践操作打好基础，这就是体育教学模式的调节与反馈功能。

第二节 常见的体育教学模式及应用

一、体育合作学习教学模式

（一）合作学习教学模式概述

1. 合作学习教学模式的理论

合作学习是一种以学生为中心进行知识构建的教育理论，适用于不同类型、不同层次的教育。它作为一种系统的教学模式，是在一定的教学理论和知识的指导下构建的特定的教学模式，有着很深的理论基础。合作学习教学模式可以从哲学、心理学、教育学、体育学等多学科得到理论支持。

2. 合作学习教学模式的优势

（1）与传统接受式教学模式比较

合作学习教学模式与传统教学中的接受式教学模式有着明显的不同：合作学习着眼于改变学生传统的、被动的、接受式的学习方式，开创积极的、主动的、开放式的学习方式，既保障了教师在教与学的过程中的主导地位，能充分发挥教师的作用，又为学生营造了一个良好的、合作的学习氛围，有利于培养学生健全的人格，促进学生全面发展。

与传统接受式教学模式相比，合作学习教学模式具有以下优势。

①先进的目标观。合作学习的主要的教学目标是提高学生的运动技能，培养学生的合作精神、意识、技巧及社会适应能力，使学生的知、情、意、行得到全面发展。

②丰富的形式观。合作学习采用了班级授课（课堂教学）与小组活动相结合的教学组织方式，兼顾了学生个体性与集体性的双重特征，把个别化与人际互动有机地结合在一起，强调以集体授课为基础，以合作学习小组活动为主体形式，力求体现集体性与个体性的统一。合作学习中的课堂讲授是以合作设计为基础的，讲授过程也力求简要清晰、时短量大、高效低耗，有着较强的研究性、探索性，同时为小组活动留有足够的空间。

③特有的情境观。合作学习研究者认为，组织学生学习的情境主要有竞争性的情境、个体性的情境、合作性的情境三种。在合作性的情境中，学生在既有利于自己又有利于他人的前提下进行学习。在这种"双赢"的情境中，学生会意识到个人目标与小组目标之间是相互依赖的关系，只有在小组其他成员都成功的前提下，自己才能获得成功，小组成员之间是"荣辱与共"的关系。在一个理想的课堂里，所有的学生都应能学会如何与他人合作，为趣味和快乐而竞争，自主地进行独立学习。合作学习并不排斥竞争与单干，在适宜的情况下，竞争和个体活动能够增益于合作学习。也就是说，合作学习在突出合作的主导地位的同时，并没有否认竞争与个人活动的价值，而是将之纳入了教学过程，使它们

兼容互补，相得益彰。合作学习将合作、竞争和个人行为融为一体，并进行优化组合，符合教学规律和时代的需求，是对传统教学中单一竞争格局和教学情境的重大变革。

④合理的评价观。传统的教学评价强调的是常模参照评价，关注个体在整体中的位置，热衷于分数排队，比较强弱胜负，是一种定量评价，只注重结果。合作学习将常模参照改为标准参照评价，把个人之间的竞争变为小组之间的竞争，把个人计分改为小组计分，把小组总体成绩作为奖励或认可的依据，形成了"组内成员合作、组间成员竞争"的新格局，使得整个评价的重心由鼓励个人竞争达标转向大家合作达标，做到定量与定性评价相结合，既重结果又重过程。

⑤融洽的气氛观。融洽的学习气氛能促进学生之间的交流，改善他们的人际关系。在合作学习所营造的特殊的合作、互助氛围中，组内或组间形成双向或多向交流的局面，学生在朝夕相处的共同学习与交往中，增进了彼此间的感情交流，培养了合作精神与意识。

（2）与传统小组学习教学模式比较

传统小组学习就是指在某一学科或某一学科组的教学中，教师根据教学工作的需要，按一定的标准（如年龄、学习兴趣、学习能力或学科等）简单地把学生编入一定的学习小组里，然后分配给每个学生一定的学习任务，让他们在一起学习。传统小组学习实际上是一种分组教学，其目的在于以最佳方式为学生提供各种学习与锻炼的机会，使教学达到最优化。

根据合作学习的五要素理论（积极的相互依赖、面对面的促进性相互作用、个体责任、人际交往技能、小组加工）可知，传统的小组学习与合作学习有着本质上的区别：把几个学生集中起来，让他们学习同一内容，这是小组学习，但它并不一定是真正意义上的合作学习；只有当合作学习的五个要素在小组学习的过程中完全得到贯彻和落实时，有效的合作学习活动才能发生，它的教学效果才能得到充分体现。可见，合作学习区别于传统小组学习的一个最明显特征就是对决定合作性学习效果的五要素的认真贯彻。

合作学习有十大特征，包括：①组内异质，组间同质；②目标依赖，利益一致；③责任明确，义务感强；④参与度大，沟通面广；⑤集体奖励，共享成功；⑥公平竞争，合理比较；⑦角色轮换，分享领导；⑧既有"帮助"，又有"协同"；⑨过程评议，注重实效；⑩学生自主，教师促进。

合作学习教学模式和传统小组学习教学模式也有很多共同的地方：第一，学习活动都是以小组的形式来开展的；都是按一定的标准来把学生编成一定的学习小组来组织学生进行学习活动；其目的都在于以最佳的方式为学生提供各种学习机会，使教学效果达到最优化。第二，它们都强调发挥学生在教学活动中的主体性作用，都具有自主学习、探究学习的特征。第三，这两种模式都采用集体教学与个别教学相结合的方式，在一定程度上是对班级授课制的变革与创新。

（二）合作学习教学模式在高校体育教学中的应用

1．构建以大学生为主体的学习共同体

所谓学习共同体，是为完成真实任务，学生与其他人相互依赖、探究、交流和协作的一种学习方式。在高校体育教学中构建学习共同体，就是要突出大学生的学习主体性，加强大学生主体、大学教师主体等各类主体的相互依赖，使大学生通过交流与协作完成教学目标，实现自我发展。

（1）强调高校体育教学中学生的主体地位

在高校体育教学中，必须突出大学生在体育锻炼中的主体地位，提升大学生的学习主体性，增强大学生参与体育活动的主体意识和创新能力，使其主动地、创造性地获取运动经验，并促进其生理反应、身体素质和心理倾向性的较持久的变化。

要提高大学生在体育运动中的主体性，首先就要激发出他们的主体意识，使他们产生参与体育活动的内驱力，在相应的活动中都表现出一种稳定的心理倾向，使体育活动、体育锻炼成为他们生命的存在形式，成为他们稳定的内在需求。当所有的大学生都自觉自愿地组织并参与各种体育活动，体育锻炼成为大学生文化的必要组成时，高校体育教学的使命才能真正完成。

(2) 发挥高校体育教学中教师的主导作用

在高校体育教学中强调学生的主体地位，并不意味着教师地位的降低，而是将教师的主体性转变为主导性，建立一种以教师为主导、以学生为主体的教学模式。需要注意的是，教师主导不代表教师在教学过程中是给予者、决定者，而是学生学习的激发者、促进者、协调者、辅导者。

(3) 促进高校体育教学中主体间的交往与合作

将高校体育教学置于主体间的范畴进行探讨具有时代意义。主体间教育指在教育教学活动中，和谐共处的教育主体共同作用于教育客体而构建的主体间的关系属性。在高校体育教学中建构主体间的关系，主要指的是学生与教师主体间、学生与学生主体间的交往与合作。一方面，体育活动的顺利进行并非取决于运动项目本身的特点，而是取决于活动主体之间的关系。在体育课堂上以及课外体育活动中，只有教师与学生都主动地进行交流与合作，他们才能达成共识，增进理解，促进融合。另一方面，体育活动中师生之间的交往建立在传递基础知识和基本技能的基础上，同时，教师还应帮助主体间建立情感、信念、意志、道德等方面的共识。

(4) 促进高校体育教学由课堂内向课堂外的延伸

高校体育教学不仅包括体育课堂内的活动，还包括大学生在校园生活中自觉、自发、自愿地组织和参与的各类体育活动。这实际上是终身体育理念的一个组成部分，即促使大学生的学习由课堂内的知识世界转向课堂外的生活世界。高校体育教学要通过这种延伸实现两种目标，即大学生的心理健康目标和大学生的社会适应目标。大学生的心理健康目标包括：能根据自己的能力设置体育学习目标；自觉通过体育活动改善心理状态、克服心理障碍，养成积极乐观的生活态度；运用适宜的方法调节自己的情绪；在运动中体验运动的乐趣和成功的感觉。大学生的社会适应目标包括：表现出良好的体育道德和合作精神；能正确处理竞争与合作的关系。

2. 基于活动的合作学习方式

合作活动学习就是以合作为学习生命的存在形式、以活动为学习生命的优化形式的，多样合作与多样活动融合创新的教学实施方式。在高校体育教学中实施合作活动学习，就是要建立一个完整的教学过程，形成一种新的教学实施形式，包括学习目标具体化、学习内容结构化、学习过程协作化、学习环境生态化和学习结果反馈化五个方面，其操作体系以学生交往的内外活动为主。

(1) 学习目标具体化——设定合作基调

学习目标具体化，是指在学习活动开始前就应预设并明确活动结束时可能产生的结果或行为。在体育教学的合作活动学习中，体育教师和大学生这两类主体应该在活动开始前制定明确的知识目标、技能目标、情感目标等教学目标，并且要明确设定体育活动的合作基调。体育教学的过程和结果与普通文化课的教学有很大区别，具体体现在教学环节的连续性、课堂活动的主体参与性以及教学效果的实时反馈化。

高校体育教学要完成促进大学生的身体健康发展和心理健康发展的双重任务，在此基础上，制定高校体育教学目标。

①运动参与目标：积极参与各种体育活动并基本形成自觉锻炼的习惯；基本形成终身体育的意识；能够制订可行的个人锻炼计划；具有一定的体育文化欣赏能力。

无论是课堂内的体育活动，还是课堂外以学生为主体组织的各类体育活动，除了要实现上述基本目标之外，还应使学有余力的学生和有某些运动特长的学生的体育文化素养水平得到进一步提升。在运动参与目标的指导下，课堂内外的各项活动均应围绕着培养和激发大学生的参与意识和主体意识来开展，而且这类活动要以主动参与合作型的集体活动为基调。因此，应突出参与合作活动的目标并加以详细说明，形成体育教学活动化、合作化的模式。

②运动技能目标：熟练掌握两项以上健身运动的基本方法和技能；能科学地进行体育锻炼，提高自己的运动能力；掌握常见运动创伤的处置方法。在此基础上，同样要使学有余力的学生和有某些运动特长的学生积极提高其运动技术水平，发展运动才能。

大学生要想明确运动技能的形成只靠自己是无法实现的，只有通过与其他主体的交流、互动与密切合作才能实现。运动的魅力来自其主体之间、主体与客体之间的交往。因此，高校体育教学的运动技能目标中应突出通过合作发展运动技能的特点。

③身体健康目标：能测试和评价体质健康状况，掌握有效提高身体素质、全面发展体能的知识与方法；能合理选择人体需要的健康营养食品；养成良好的行为习惯，形成健康的生活方式；具有健康的体魄。

④心理健康目标：根据自己的能力设置体育学习目标；自觉通过体育活动改善心理状态、克服心理障碍，养成积极乐观的生活态度；运用适宜的方法调节自己的情绪；在运动中体验运动的乐趣和成功的感觉。

体育锻炼除了能提高人的身体素质之外，其最重要的贡献在于对人的心理素质的影响。高校体育教师有责任引导大学生增加对运动的热爱，使大学生形成积极乐观的生活态度，提升大学生不畏艰难险阻的顽强意志品质，使其学会通过运动来释放压力，让大学生们体验到运动的魅力并养成体育锻炼的习惯，使之成为其生命的组成部分和存在形式。

⑤社会适应目标：表现出良好的体育道德和合作精神；能正确处理竞争与合作的关系。

大学生在结束学习生涯之后所面对的社会生活充满着激烈的竞争，而只有良好的主体间合作才能使结果最优化、利益最大化。体育活动可以激发各主体的主动性、调动各自的积极性和强烈的求胜欲望，有利于最大限度地激发主体的潜能、提高学习与工作的效率，有利于促使主体在竞争与比较中客观地进行自我评价，发现自己的不足并加以改进和提升。而合作是活动的基本形态，只有各主体间发生良性的合作，才能使得活动整体呈现出良好的态势，促使团队集体价值的实现。

总之，教学目标决定着教学内容的选择和各个内容模块的分量，决定着教学评价的方式。

（2）学习内容结构化——以任务为导向

以任务为导向，即在体育教学中建立问题解决模式，使学生从做中学，保证大学生拥有丰富的学习机会，真正获得学习经验。问题解决模式是多种具体教学方式的集合体，包含着"以问题为定向、以探究为过程、以解决为目的"的共同特征。

以任务为导向的学习还包括学生走出课堂、走出教学场域、走向校园、走向社会、回归生活世界。通过同伴活动、社区活动等其他社会活动，主动建构认知结构，完善大学生的心理适应能力，提高心理健康水平，塑造整体人格。

未来，高校体育教学的重要转变就在于改变大学生的学习内容和学习方式，真正使大学生的体育锻炼以活动为主要形式、以问题解决为主要内容。结构化指的是课堂内和课堂外均要形成大学生解决问题的活动方式和内容。

（3）学习过程协作化——掌握合作技能

学习过程协作化要求使整个学习过程在基于活动的合作中进行，建立高校体育学习共同体。教师是体育活动的观察者、激发者、促进者、协调者、辅导者，而学生是学习的主人，可以决定学习的内容、学习的方式、学习的环境等，师生之间是民主、平等和合作的关系。师生之间、同学之间的良好合作，可以提高大学生的运动参与性、运动技能、身体素质、心理素质和社会适应性。

（4）学习环境生态化——走向生活世界

合作活动学习要为高校体育学习共同体创设一个生态化的体育学习环境，而这个生态化的学习环境要能够为大学生提供足够的"学习化"

的课程资源。在高校体育活动中，大学生的学习面临着两种基本关系，即与自身的内在关系和与社会的外在关系。与自身的内在关系是指大学生应对内建构独特的自我经验；与社会的外在关系是指大学生在合作活动中建构社会经验。因此，合作活动学习的生态化环境就有两种相互关联的基本形式，即内生的自我环境和外在的文化环境。自我环境包括神经生理基础和心理人格结构与特质；外在的文化环境包括作为"个"与"类"的人以及作为文化的物。

（5）学习结果反馈化——提高活动质量

在合作活动学习中，教师担负着"观察者"的责任，需要在学生的合作活动中仔细观察，适时介入，整体监控，以帮助学生顺畅地进行交流与合作。体育教师应随时发现大学生在活动中的困难和问题，并指导他们找到相关信息，减少活动中的消极因素，展示要完成的任务范例，示范怎样实现小组目标。

二、范例教学模式

（一）范例教学模式的定义

范例教学模式指的是教师对一组相关知识中最本质与典型的案例进行讲授，然后对学生进行引导，使其探寻其中的规律，对同类知识进行举例，从而促进学生思考与解决问题能力不断提高的教学模式。

在高校体育教学中，实例（即范例）的讲授有利于大学生对体育基本知识的快速掌握及对体育技能的正确理解，范例教学模式正是在这样的教学背景认识下形成的。

（二）范例教学模式的运用

体育教师在运用范例教学模式之前，必须从教学论的角度来分析体育教学内容，具体从三个方面展开：一是对本课题内容的重点与具有普遍性意义的内容进行分析，通过对范例的探讨使学生对应掌握的原理、规律、方法有所了解；二是对本课题教学内容的特点进行分析，并对相应的教学手段、教学方式和作业进行科学的设计；三是对本课题教学中的问题在全部教学内容中的地位，本课题内容的结构特点和课题各结构要素中的重点、难点、层次和联系等进行分析。

体育教师需按照以下四个步骤来实施范例教学模式。

第一，教师范例性地阐明"个"的阶段，即教师以个别事实和个别对象为例，将事实的本质明确提出来。

第二，教师范例性地进行"类"的阐述，即教师从对个案的认识出发，通过对个别事例的归类来对类似现象进行探讨。

第三，教师在前两个阶段的基础上，进一步探讨"类"背后隐藏着的某种规律性的内容。

第四，通过学习，学生掌握了世界最基本的经验，并在此基础上加深对客观世界的认知，增强行为的自觉性，即学生范例性地获得世界经验和生活经验。

三、发现式体育教学模式

（一）发现式体育教学模式的定义

发现式体育教学模式是指通过体育教师的指导，学生能够独立地研究和发现事实与问题，从而可以更加深刻地掌握相关原理和知识的一种教学模式。学生的直觉思维、内在的学习动机以及教学过程是这一教学模式强调的三个重点。

（二）发现式体育教学模式的指导思想

在运用发现式体育教学模式的过程中，教师对学生的学习活动进行适当引导，使学生通过对自身主观思维的运用来积极思考，从而独立发现问题，并对问题加以解决。因此，通过遵循学生的认知规律来开展教学过程，体现以学生为主体、以学生为中心的思想就是这种体育教学模式的指导思想。具体可以从以下几个方面来理解发现式体育教学模式的指导思想。

第一，注重提高学生学习的积极性，增强教学的趣味性。

第二，调动学生思维的主动性，开发学生的智力。

第三，在以学生为主体的前提下，对学生进行指导。

第四，在将答案揭晓之前，要让学生自己去探索问题的答案。

第五，对问题情境进行设置，并使学生进入教学情境的过程更为自然，对学生的学习热情进行激发。

第六，提高学生学习运动技能的效率，使学生更加深刻地领悟技能和知识，记忆更加牢靠。

（三）发现式体育教学模式的操作步骤

第一，教师提出问题或创设问题情境，学生带着问题去探索。

第二，学生通过反复练习，掌握动作技术的基本原理方法。

第三，学生提出假设并通过实践进行验证。

第四，学生根据实践获得的一定材料或结果，在仔细评价的基础上得出结论。

第五，教师帮助学生提炼所学到的东西，鼓励学生反思问题解决的过程，帮助学生概括和理解新知识的应用情境。

第三节　体育教学模式的发展趋势

一、体育教学模式的目标趋向情意化

现代教学理论研究和教学实践活动都已表明，学生的智力因素与非智力因素在他们的学习活动中都有着积极的重要作用。现代教学模式的构建改变了传统的教学活动中片面强调智力因素的作用，忽视非智力因素的作用的状况，教学模式的目标不再局限于增长学生的知识、培养学生的能力，而是要把情感教育、人格教育、品德教育与知识教育结合在一起。尤其在人本主义心理学日益受到人们重视的情况下，学生的情感陶冶备受关注，情感活动被视为心理活动的基础，以此来培养学生的自立性、情感性和独创性。例如，情境教学模式通过创设问题情境，使教学过程具有复杂、新奇、趣味等特征，学生在一种浓厚的兴趣、强烈的动机、顽强的意志状态下学习和掌握体育知识技能，更能激发求知的内驱力，有很强的感情色彩。

二、体育教学模式的形式趋向综合化

教学模式形式趋向综合化的意思是体育教学模式向课内课外一体化发展。由于课内学时与时间的限制，要培养与发展学生自动化的运动技能与锻炼身体的习惯，并为重视体育做准备，仅靠课内的时间是远远不够的。课内的主要任务是学习一些新的知识点，改进一些错误动作，因此，学生要充分利用课外的时间复习与巩固已学的知识与技术，如此才能使运动技能熟练化、自动化。

三、体育教学评价体系更加注重"三维"的综合评价

"三维"综合评价就是指在评价体育教学效果时，不仅从生物学角度评价其提高生理机能的效果，还要从心理和社会的角度来评价体育教学的效益。评价方式由单纯的定性或定量方法转变为定性和定量的结合，在重视他人评价的同时，也重视自我评价；评价的内容也由单纯地对学生进行评价转变为既评价学生的学，又评价教师的教。通过改革评价体系，可使学生乐于接受评价，并积极参与评价。

传统的教学模式只重视总结性评价的作用，忽略了学生学习和练习过程中的评价，因而学生的学习兴趣、爱好、情感反应都得不到反馈和体现。现代体育教学模式，逐渐摆脱了单一的总结性评价方法，开始重视学生的学习过程评价、学生的自我评价、单元评价等。

四、体育教学模式研究趋向精细化

理论研究的目的是指导实践，同时也起到总结实践的作用。理论如

果脱离了实践，就会成为一纸空文。要加强研究的力度与成效，理论研究必须与实践相结合。一方面，教学模式的研究同任何理论的研究趋势一样，必将从一般教学模式研究走向学科教学模式研究。另一方面，课堂教学模式的研究又趋向精细化，包括学期教学模式、单元教学模式、课时教学模式。精细化是教学模式研究的必然趋势。

第四章 高校体育教学设计

与体育教学方法及体育教学模式相同,体育教学设计对于当前体育教学的发展有着非常重要的现实意义,只有保证体育教学设计的科学性,才能推动体育教学高质量发展。

第一节 体育教学设计的理论

一、体育教学设计概述

(一)体育教学设计的概念

对于教学设计的定义,不同的学者有着不同的观点。我国研究者普遍认为,教学设计是运用系统方法,分析教学问题和确定教学目标,建立解决教学问题的策略方案,评价实行结果以及对方案进行修改的过程。而所谓的体育教学设计,是指为了获得优质的体育教学效果,教学执行者在进行体育教学活动之前以系统的思想与科学的方法为指导,以体育教学的相关理论为基础,结合与体育课程有关的生理学、心理学和社会学原理,根据体育教学自身的特点,在充分考虑学生身体和心理发展及其相互关系的基础上,对体育教学活动中"教"的问题制定出的一种相对合理的操作方案。

(二)体育教学设计的特征

体育教学是一种有计划、有目的教学活动,它主要表现出以下几个方面的特点。

1. 超前性

体育教学设计主要是为体育教学实践服务的,它能够有效指导体育教学实践的开展，因此，体育教学设计是一种对教学活动中可能出现的一些问题进行的预测，表现出超前性的特征。事实上，体育教学设计是对将要开展的体育教学活动中可能出现的各种情况进行预先分析，同时根据科学的理论与教学实际的需求对各种可能出现问题制定出相应的解决方案，是一种预先的教学安排。例如，体育教师需要在体育课开展之前首先设计出该体育课的教学方案，然而这只是体育教师对于即将开展的体育教学活动的一种超前性的设计，虽然对于教学过程中可能遇到的问题都有涉及，但还没有应用于实践。

2. 差距性

体育教学设计是以体育与健康课程理念为基础的，是对体育教学实施方案的一种构想，并不是体育教学活动本身。而体育教学过程具有复杂性与多变性的特征，这就导致在实际的教学过程中不可避免地出现各种各样的问题。教师在体育教学设计中有时候并不能够做到全面兼顾，体育教学设计者对体育教学中的问题理解、条件分析、解决方法并不能够完全概括教学实践。因此，体育教学设计与体育教学实践之间并不是等同的，他们之间存在着一定的差异，表现出一定的差距性，这就需要教师在教学中结合教学实际进行相应的工作调整。

3. 创造性

由于受到多种因素的共同影响，体育教学过程也表现出明显的复杂性与不确定性的特点，这就需要体育教学设计应该能够创造性地解决教学实践中遇到的各种复杂的情况，这也就表明体育教学设计具有创造性的特点。现代体育教学往往表现出复杂性的特征，同时也是一个不断变化的过程，因此，体育教师并不能够完全根据自己制订的计划开展相应的教学活动。但是，体育教学所表现出的这种变化性的特性正体现了体育教学的本质，这也为体育教学设计提供了广大空间。在进行体育教学设计时，教师只有充分发挥自己的创造性才能够使设计出的方案更有利于培养学生各方面的能力。当然，体育教学设计者在具备相应创新能力的同时，还应该有相应的文化知识与理论储备，此外，还应该有较强的想象力与创造性的思维等。

（三）体育教学设计者的素养

体育教学设计者不仅是教学设计方案的制定者，同时还是设计过程的实施者、组织者、协调者与设计执行的控制者。因此，体育教学设计者的能力与水平对于一个教学方案能否满足实际教学工作的需要具有决定性作用。具体来讲，体育教学设计者的基本素养主要包括以下几个方面的内容。

首先，体育教学设计者必须具备扎实的教学、传播学、心理学以及媒体等多学科的相关理论基础知识。

其次，体育教学设计者必须具备一定的教学经验，这样能够有效防止教学设计脱离体育教学的实践。

再次，体育教学设计者应该熟练掌握教学设计的基本原理、方法以及实际操作技能，这是进行体育教学设计的前提条件。

最后，体育教学设计者必须具有科学管理的知识与相关技术。

二、体育教学设计的理论基础

（一）系统理论

1. 具体概念

系统理论认为，世界上的万事万物都是以系统的形式存在的，整个自然界都是由不同层次的等级结构组成的开放系统，任何客体都是由诸要素以一定结构组成的具有相对功能的系统，系统当中的每一个个体都处于不断的运动变化之中。系统理论对于学校体育教学设计有着非常积极的意义，它为学校体育教学设计提供了系统分析方法，这样能够让体育教师可以通过整体观去进行体育教学设计的实践工作。

系统是元素及其关系的总和。每个系统的构成都需要满足以下三个条件。

首先，系统存在于一定的环境中。系统也是处在一定的客观环境之中，它不仅会受到客观环境的影响，也会对客观环境产生反作用，系统并不能够独立于相应的环境而存在。

其次，系统包括一定的元素。系统内部有很多不同的具体元素，构成系统的主要元素就是所谓的要素。系统当中的各要素之间也存在着密切的关联，他们之间是相互影响与制约的关系。

最后，系统具有一定的结构。构成系统的各元素之间存在着一定的相互联系，而元素之间并没有什么必然的相互联系，所以不构成系统。

研究表明，无论系统的复杂程度如何，他们都会表现出以下几方面的特性。

第一，集合性。系统是事物的集合，任何一个系统都是一个有组织的整体。

第二，整体性。系统是不同要素的统一体，由两个或多个可以相互区别、具有不同功能的要素，按照作为系统整体所应具有的综合性而构成。系统的功能要大于各要素的功能之和。

第三，相关性。构成系统的各个要素之间不仅是相互联系的，还是相互依赖与相互作用的。

第四，目的性。任何系统都是指向特定的目标，通过系统的功能来完成特定的任务。

第五，反馈性。通常情况下，系统都能够进行有效的自我调节。为了使自身能够更好地运行，系统必须通过反馈使自己处于一种相对稳定、平衡的状态。

第六，环境适应性。系统存在于环境中，它与外部环境之间必然会相互作用。一方面，环境能够为系统自身提供相应的物质、能量要素；另一方面，环境还会对系统产生一定的影响，从而更有利于系统运行。由此可见，系统需要不断适应自身所处的外部环境来维持自身的持续运行。

2. 教学系统

一般来说，学校体育教学系统由五个基本要素组成，即学生、教师、教学内容、教学方法以及教学媒体，这些要素都是学校教学系统的子系统。下面就体育教学系统的基本要素进行具体分析。

(1) 学生

学生是学校体育教学的主体，同时也是学校体育教学系统中不可或缺的重要组成部分，学校的体育教学不能够离开学生而独立存在。

(2) 教师

在体育教学中，学生是主体，而教师是教学内容的传授者，其在教学系统中占据主导地位。

(3) 教学内容

体育教学内容同样包含很多内容，主要表现为教材，是和体育与健康相关的知识、技能、方法的总和。在体育教学过程中，教学内容具有非常重要的地位，它对体育教师的教以及学生的学具有决定性作用，具体包含了与体育相关的健康知识、健康技能、智力水平、社会适应能力等方面。

(4) 教学方法

教学方法是指教师和学生为达到学校体育教学目的和完成教学任务所采取的方式、途径、手段、程序的总和。一般来说，学校体育教学方法具体包括动作示范、教具与模型演示以及多媒体演示等。

(5) 教学媒体

在具体的学校体育教学实践中，教学媒体是教师与学生之间进行信息交流的一种重要媒介，它具体包括语言、文字、动作示范等视觉要素，以及记录、储存等实体要素。

在实际教学当中，体育教学系统的这些子系统之间是相互联系、相互影响的，它们在学校体育教学目标的支配下产生相应的作用，是体育教学不可或缺的要素。

(二) 学习理论

学习理论研究的对象是人类学习的本质及其形成机制，属于心理学理论的范畴。学校体育教学设计应该根据学生体育学习的具体需求来确定学校体育的教学目标、教学策略、实施方案以及教学媒体，充分发挥体育教学对于促进学生全面发展的作用，有效提升学校体育的教学质量，充分开发体育教学的功能。学习理论所强调的学习泛指有机体因经验而发生的行为变化。现代学习理论的三大学派（行为主义学派、认知主义学派和人本主义学派）对学习的性质有不同的理解和认识：行为主义的学习理论强调学习刺激与反应的联结，主张通过强化和模仿来形成和改变行为；认知主义的学习理论强调学习是认知结构的建立与组织的过程，重视整体性和发展式学习；人本主义的学习理论强调学习是发挥人的潜能、实现人的价值的过程，要求学生愉快地、创造性地学习。

概括来讲，现代学习理论的主要功能包括：为研究者提供学习领域的知识以及进行学习研究的途径与方法；对相关的学习法则进行有效概括，从而使学生的学习更加条理化、系统化与规范化；强调对学习的发生和发展过程的研究与探索，重点在于对学生学习效果不同的原因进行解释。

学习理论研究人类的学习，阐述学习的基本规律，而学校体育教学设计一定要对学生的学习实践及生活有全面深入的了解，同时按照学生学习的客观规律办事。因此，学习理论是学校体育教学设计的一项重要理论基础。

（三）教学理论

1. 具体概念

教学理论是研究教学本质与一般规律的科学。教学理论通过规律性的认识来确定优化学习的各种教学条件与方法，教师在教学过程中所采取的具体方法以及教学的具体内容是教学理论所研究的主要内容。一般来说，教学理论的研究对象与研究范畴主要包括以下几个方面。

第一，教学价值、教学目的以及教学活动的具体目标。

第二，教学本质，包括教学过程的影响因素、组成结构及其规律。

第三，教学内容，包括分析教师、学生与教学内容的关系，研究如何选择、调整与合理编排教学内容。

第四，教学模式、教学原则以及教学组织形式，重点研究教学的手段与方法。

第五，教学评价，包括教学评价的标准、要求、手段及反馈。

在历史的发展过程中,产生了很多具有很大影响的教学理论。例如:我国古代的儒家思想中就包含很多具有现实意义的教育教学思想,如"因材施教""有教无类"等;到了近代,我国的教育家也提出了很多先进的教育思想,如蔡元培、陶行知等人提出应该重点发展儿童的个性,要以儿童自身的特点为根本出发点,从而更好地发挥其主动性。总而言之,教学理论从产生就一直处于不断的发展当中,科学的教学理论对于现代体育教学设计也具有很好的指导作用。

2. 理论支持

体育教学设计是科学解决体育教学问题的过程。学校体育教学设计的各要素能从教学理论中汲取精华,指导实践运用。教学理论能够指导体育教学设计,为体育教学设计提供依据。学校体育教学设计应该以科学的教学理论为指导,学校体育教学设计的实践需要相应的科学理论支持。从某种角度来说,体育教学设计的产生是在教学理论不断发展的情况下得以实现的,学校体育教学设计为教学理论应用于实践创造了良好的基础,学校体育教学设计是教学理论与教学实践之间的纽带。

第二节 体育教学设计的过程与评价

一、体育教学设计的过程

(一)体育教学目标的设计

1. 体育教学目标的设计要求

首先,设计体育教学目标应该系统把握并进行整体协调与衔接。体育教学目标应具有整体性,注意不同层次和序列体育教学目标之间的协调与衔接。体育教学目标只有形成一个纵横连接的网络系统才能够使体育教学目标的系统功能得到充分发挥。

其次,体育教学目标的表述应该力求明确、具体,尽可能量化。体育教学目标设计是为了解决教和学如何衔接的问题,如果体育教学目标的表述含糊不清,必然会影响体育教学内容的选择、体育教学方法的运用、体育教学策略的制定和体育教学评价。

再次,体育教学目标必须分解成更为详细的操作目标,这样才能够使教学目标的要求落到实处。

最后,体育教学目标要有一定的弹性。体育教学目标的稳定性是相对的,而体育教学目标的发展与变化却是绝对的,这就要求制定的体育教学目标应具有灵活性,能够依据实际情况进行必要的修改与调整。

2. 体育教学目标的设计环节

首先,分析体育教学对象。学生是体育教学的主要对象,分析学校体育教学对象首先应该对学生的学习需求进行深入分析。学校体育教学设计中的学习需求与一般的学习需求不同,它主要是指学生学习的基本情况与学校体育教学目标之间所存在的差距。对教学对象的学习需要进行分析,实质上就是对学生的一般特征、学习风格、学习基础等情况进行分析,对于体育教学实践中的不足之处以及需要改善的地方进行剖析,并对产生这些状况的相关原因进行探究,在这些工作的基础上对学校体育教学目标进行最终的确定。

其次,分析体育教学内容。对体育教学内容进行科学全面的探索分析有助于教师确定体育教学内容的各项具体工作,同时明确体育教学内容中各项知识之间的关系,这样更有助于让学生对所要掌握的教学内容有更加全面的了解。分析体育教学内容的步骤如表4-1所示。

表4-1 分析体育教学内容的步骤

步骤	内容	说明
第一步	单元体育学习任务的选择与组织	教学准备
第二步	单元学校体育教学目标的确定	
第三步	体育教学任务的分类	教学基础
第四步	体育教学内容的评价	
第五步	体育教学任务的分析	教学提高
第六步	体育教学内容的进一步评价	

最后,制定体育教学目标。通常来讲,一个完整、明确的学校体育

教学目标具体应该包括教学对象、教学对象的体育行为、确定行为的条件与程度四个部分。在具体进行教学设计时，教师在表述体育教学目标时最好使用意思明确、简练通用的语言，同时还应该使单元教学目标尽可能做到具体化。当然，在体育教学过程中，体育教师在对体育教学目标进行具体表述时，可以根据当时情况的客观需要选择合适的表达方式。当前，教育领域较为常用的陈述方法主要有 ABCD 法、内外结合法等。

（二）体育教学的策略设计

1. 体育教学策略

可以将体育教学策略的含义理解为体育教师为有效地完成体育教学目标而采用的体育教学活动准备、体育教学行为和体育教学组织形式选择、体育教学媒体选择等的总和。体育教学策略设计是体育教学设计工作过程中的重要环节，它可以很好地解决如何衔接教与学的问题，只有采用正确的体育教学策略才能够有效完成预期的体育教学目标。

2. 体育教学策略的制定要求

通常来讲，制定体育教学策略时要做到以下几点。

第一，以体育教学目标为根本依据。

第二，以学习理论知识及教学相关的理论知识为参考。

第三，与体育学习的具体内容相适应。

第四，符合体育教学对象的基本特征。

第五，考虑体育教师的基本条件。

第六，结合当地教学的客观条件。

3. 体育教学策略的结构

体育教学策略主要包括对体育教学过程、内容的安排，以及体育教学方法、步骤、组织形式的选择。通常来讲，一套完整的体育教学策略应该包括以下几个方面的要素。

(1) 体育教学指导思想

体育教学指导思想能够对具体的体育教学策略进行理论方面的解释。不同的体育教师往往会采用不同的教学思想来指导体育教学策略的制定与实施；而对于同一名体育教师，其采取的教学思想不同，所制定的体育教学策略也会存在差别。

(2) 体育教学目标

从本质上来讲，运用体育教学策略的最终目的就是达成体育教学目标。在体育教学实践中，体育教学目标不同，所采取的体育教学策略也存在很大的不同。

(3) 实施程序

实施程序有其自身的操作序列，即体育教学策略按时间展开的逻辑进行。体育教学活动往往会表现出一定的特殊性，而体育教学策略的实施程序大多情况下是稳定的，这样当教学情况发生改变或者教学进程有一定的调整时就可以对实施程序进行相应的调整。

(4) 操作技术

要使体育教学策略得到更好的贯彻实施，相应的操作要领必须符合客观的需求。一般来说，操作技术的内容主要包括三个方面：一是体育教师方面，包括体育教师在教学策略中所扮演的角色、发挥的具体作用，以及对于体育教师的各方面要求；二是体育教学内容方面，包括制定体育教学策略的相关依据以及对于体育教学内容的具体处理；三是体育教学手段方面，不仅包含常规的体育教学手段，同时还包括一些特殊的体育教学手段；四是使用范围方面，包括体育教学策略适用的问题、性质等多方面的内容。

(三) 体育教学的媒体设计

1. 体育教学媒体

体育教学媒体是指用于存储或传递以教学或学习为目的的信息的媒体。教学媒体用于教学信息从信息源到学生之间的传递，它有着明确的教学目的、教学内容和教学对象。体育教学媒体在体育教学中发挥着非常重要的作用，具体包括：提供感知材料，提高感知效果；启发学生思维，开发学生的智力；提高学生的学习兴趣，有效激发学生的学习动机；增大信息密度，提高教学的效率；提供多种方式，促进学生自主学习；调控教学过程，检测学生的学习效果。

2. 体育教学媒体的选择

教学媒体的选择是指在一定教学要求和条件下选出一种或几种适宜可行的教学媒体。在对教学媒体进行选择时，需要考虑以下因素。

（1）学习任务因素

学习任务因素具体包括学习目标和学习内容。

（2）学生因素

学生的特征同样是选择教学媒体应该认真考虑的一项重要因素，它主要包括学生的智能水平、年龄、兴趣等。

（3）教学管理因素

教学管理因素主要包括教学规模、教师能力以及教学安排等。例如，现代教学媒体的选择经常受教师素质和教学安排等的影响。

（4）媒体因素

第一，媒体资源，包括当前已经拥有的教学媒体以及可能会添置的教学媒体。

第二，媒体功能，即选择的教学媒体能否满足教学的现实需要。

第三，操作情况，即操作教学媒体所花费的时间以及操作的难易程度。

第四，组合性，即两种或者多种媒体共同使用的可能性及其可能产生的效果。

第五，使用环境，即媒体所处的客观环境是否能够支持它的应用，或者教学环境能否提供这种教学所需要的媒体。

（5）经济因素

经济因素是选择体育教学媒体时一定要认真考虑的因素。在体育教学过程中，如果使用便宜的教学媒体所取得的教学效果与使用价格高昂的教育媒体所取得的教学效果基本一致，就应该选择价格更加低廉的教学媒体。

（四）体育教学的过程设计

1. 体育教学过程

教学过程，具体来说就是教师根据一定的社会要求和学生特点，指导学生有目的、有计划地掌握学科知识和技能，实现身心全面发展的过程。

体育教学过程的含义如下：

第一，体育教学过程是体育教师的"教"和学生的"学"组成的双边活动过程。

第二，体育教学过程是一个动态过程，体育教学过程会受到各种内在与外在、主观与客观因素的影响。

第三，体育教学过程是师生以身体练习为重要媒介的交往实践过程。

2. 体育教学过程的设计原则

（1）发挥教师主导作用的原则

体育教师是教学信息的传递者。在传统的体育教学过程中，体育教师的主要任务是讲解，将知识传授给学生。随着现代科学技术在课堂教学中的应用，以及课堂教学改革的不断深入，教师除了进行信息编码、讲解内容之外，最关键的是要在课堂教学中发挥主导作用，从单纯的知识讲解转变为引导学生掌握知识内容。事实上，体育教师的主导作用应体现为引导学生自行获取信息和培养能力，而不是灌输知识。

（2）以学生为学习主体的原则

学生是教学信息的接受者，是体育课堂教学活动的主体。在体育教学活动中，教师应充分调动学生的学习积极性，让他们有更多的参与机会，同时，加强与学生之间的沟通交流，推动学生从被动接受知识向主动获取知识的转变。

（3）规律性原则

体育教学过程设计的规律性原则，简单来说，就是所设计的体育教学过程应符合体育教学的一般规律。体育教学应遵循体育规律、教学规律、学生认知规律等规律，在这些规律科学指导的基础上合理安排教学过程。

（4）方法性原则

体育教学过程设计的方法性原则要求体育教学过程设计应重视体育教学方法的科学安排，关注不同体育教学方法的选用所可能产生的不同的教学效果。因此，在教学过程的设计过程中应有选择地对体育教学方法进行取舍，选取最适合教学内容表达，以及更容易被学生接受和激发学生兴趣的教学方法，如此才能充分发挥相应的体育教学方法的教学促进作用，也才能促进各个体育教学活动环节的顺利开展，实现良好的体育教学效果。

此外，教师在设计体育教学过程时，应考虑整个教学系统构成，应该结合体育学科特点和学习内容、教学目标、学生的特点及选用媒体的特点选择相应体育教学方法。

（5）媒体优化原则

体育教学媒体的合理科学应用对体育教学过程的顺利开展和良好体育教学效果的实现具有非常重要的作用，因此，教师在设计体育教学过程时，应注意体育教学媒体的使用及优化。

在现代化体育教学实践中，任何一种体育教学媒体都不足以支撑整个体育教学过程，体育教学媒体的运用要考虑各种媒体的优化组合。不同的体育教学媒体在体育教学中发挥着不同的作用，彼此之间可实现功能互补。教师在设计体育教学过程时，应灵活运用各种教学媒体，使各教学媒体各施所长，互为补充，相辅相成，共同促进整个体育教学过程的优化，促使教师和学生顺利完成"教"的任务和"学"的任务。

二、体育教学设计的评价

(一) 体育教学设计方案的评价

1. 体育教学设计方案评价的功能

进行体育教学方案的评价主要是为了对体育教学的设计方案进行改善,使其更加符合体育教学的客观规律以及体育教学的实际。合理进行体育教学设计方案评价的积极作用主要表现在以下几个方面。

第一,能够推动体育教学设计相关理论的发展。

第二,能够对体育教学方案的完整性、科学性以及合理性进行检查。

第三,能够显著提升体育教师对体育教学过程整体性的认知。

第四,有助于体育教师掌握体育教学流程以及操作技术。

第五,能够显著提升体育教学的质量。

2. 体育教学设计方案评价的内容

体育教学设计方案评价的内容主要包括体育教学目标、体育教材内容、体育学习者、体育学习需要、体育教学策略、体育教学过程,此外,还包括教学模式、课程类型、课程结构等要素。

3. 体育教学设计方案评价的方法

教学设计方案属于教学技术,所有的教学技术都有方法对自身所存在的不足之处进行检查,教学设计缺陷分析法就是教学设计方案的主要评价方法。这种方法首先是对评价结果所存在的不足之处进行具体分析,进而对教学设计整个过程中所存在的缺陷进行分析。在评价体育教学设计方案时,教学设计缺陷分析法评价的焦点在于体育教学方案所存在的缺陷与不足,并不是这种教学方案的优点与长处。通过寻找体育教学方案的不足之处能够不断推动体育教学设计技术的进步,这是体育教学设计技术不断发展的一种有效方式。需要特别注意的是,教师在设计体育教学方案的过程中还应该注意对体育教学方案的检查,以寻找出其中存在的错误，使体育教学设计方案更加严谨科学。

（二）体育教学设计方案实施的评价

制定完体育教学设计方案后就需要贯彻实施，只有通过全方位的实践才能够真正使体育教学设计方案落到实处。

1. 实施教学

在保证教学设计方案完整的基础上，对不同组别的受试者进行教学，对受试者的学习水平应达到的教学效果进行分析。需要注意的是，在教学实践过程中应该尽量避免人为因素的干扰。

2. 观察教学

在具体实施体育教学方案的过程中，不仅要有专人对整个教学过程进行认真的观察，同时还要对所观察到的具体情况进行系统的记录。一般来说，进行教学情况观察时，教师需要具体记录的内容主要包括五个方面：第一，各项体育教学活动所耗费的时间；第二，安排各项教学内容的方法、风格、特点等；第三，学生提出问题的性质及类型；第四，教师解决学生所提问题的具体方式与方法；第五，学生在教学过程中的态度、状态等。

3. 后置测试和问卷调查

教师在试用体育教学设计方案后，应该及时进行某种形式的测验与问卷调查，这样可以更好地了解教学设计方案对体育与健康知识和动作技能的保持所具有的作用与意义。

4. 归纳和分析资料

一般来说，归纳与分析资料具体可以从两个方面来进行：一方面，对学生的调查问卷进行认真细致的分析与研究，以此来对学生的学习状态及具体情况进行全方位的了解，并据此对已经制定并实施的教学设计方案进行修正；另一方面，与被测试的教师及学生进行沟通交流，然后对沟通之后所得出的结果进行整理，以此来对教学设计的方案做出调整。

5. 评价结果报告

体育教学设计方案的修改是一个相对复杂的过程，修改人应该把试用与评价的情况以书面形式呈现出来。通常情况下，体育教学设计方案的形成性评价报告主要包括以下内容。

第一，体育教学设计方案的名称。

第二，体育教学设计方案的试用宗旨、范围和要求。

第三，体育教学设计方案的评价项目。

第四，体育教学设计方案的评价。

第五，体育教学设计方案的改进意见。

第六，体育教学设计方案评价者的姓名、职称。

第七，体育教学设计方案的评价时间。

除了上述内容之外，在体育教学设计方案的评价结果内容后面还应该附上评价数据概述表、采访记录以及有关的说明。

第五章 高校运动训练的管理

第一节 高校运动训练的管理原理和方法

一、高校运动训练的管理原理

（一）人本原理

人本原理就是在管理中做到以人为本。在管理系统中，管理的最终目的就是不断地满足人们的物质需要和精神需要，实现人的全面发展。在管理中，人不仅是管理的主体，也是管理客体中最主要的因素，各项管理措施和管理手段的运用，首先是作用于人，再通过人来发挥其能动作用，最终协调与其他管理要素的关系。人本原理就是对一切管理活动均应以调动人的积极性、做好人的工作为根本的规律的概括。

（二）效益原理

现代管理的根本目的是创造最佳的社会经济效益，任何管理都要以取得效益为目标是效益原理的实质所在。因此，为创造最大的社会经济效益，管理的各个环节、各项工作都要紧紧围绕提高社会经济效益这个中心，科学、节省、有效地使用有限的人力、财力、物力、智力和时间信息等资源，这就是效益原理的含义。这一原理贯穿管理的全过程。

（三）责任原理

责任原理就是为了实现组织目标、挖掘人的潜能，在合理分工的基础上明确规定各个部门及个人必须完成的工作任务和必须承担的与此相适应的责任。责任制在运动训练管理中已得到广泛的应用，如目标责任制、风险金等。

（四）系统原理

现代管理的系统原理是运用系统理论对管理对象进行细致的系统分析，以实现现代科学管理的优化。任何管理对象都是一个特定的系统，管理系统的各要素不是孤立、静止的，而是根据整体目标的要求，按一定的结构，动态地组合在一起的，这是现代管理系统原理的理论基础。

（五）动态原理

动态原理是指在管理活动中，注意把握管理对象的变化情况，不断调节各个环节，以实现整体目标规律的概括。计划、组织、控制、协调等各个环节必须不断变化，因为人、财、物、时间、信息等管理对象处于不断变化、发展的过程之中，只有动态地适应管理对象的变化，管理目标的实现才能得到保证。

（六）竞争原理

优胜劣汰是事物发展的一般规律。竞争在体育运动管理中无处不在。有竞争就有压力，有压力就要奋斗，就要拼搏。实践证明，竞争可以激发人的工作热情，培养人的进取精神；竞争可以挖掘人的潜能，使人创造性地工作，克服各式各样的困难；竞争可以促进内部团结，提高团队的凝聚力；竞争可以使组织集体充满生机和活力。个人与个人之间、团体与团体之间、国家与国家之间，为了各自的目标和利益，相互竞争，以求取胜的理论就是竞争原理。

二、高校运动训练的管理方法

（一）基本管理方法

1. 行政方法

运动训练管理的行政方法是指管理者在进行管理活动时，运用行政手段，按照行政系统规范进行管理的方法。行政管理系统主要采用命令、指示、规定、指令性计划和职责条例等行政手段对各子系统进行调节与控制。在运用行政方法时，上级对下级所下达的命令、指令或指令性计划等，一定要与本部门的实际和管理活动的规律相符合。此外，管理者必须具有较高的理论政策水平和较强的组织管理能力。

2. 法律方法

在运动训练管理过程中，法律方法是指运用法律、法令、条例、决议和章程等各种形式的法规来进行管理的方法。运动训练管理的法律方法具有强制性、普遍性、规范性和阶段性等特征。运动训练管理实行"法治"的重要内容之一就是运用法律方法管理运动训练工作。法律方法在运动训练管理中发挥着重要作用，主要表现在以下几个方面。

(1) 正常管理秩序的建立、健全、保持与维护

提高竞技运动训练管理系统的功效，实现管理目标是运动训练管理的目的。人、财、物、信息等的合理流通是提高管理功效的关键所在。通过法律形式把这种合理流通方式规定下来，通过法律规范来调节各种关系，从而使正常的管理秩序得以建立，使整个竞技体育管理系统按照法律规范正常有效地运转，一个良性循环的运行机制便形成了。

(2) 各种管理关系的规定和调节

运动训练所涉及的范围是很广泛的，国家、集体、个人之间纵向与横向的各种错综复杂的利益关系都是运动训练的内容。法规是运动训练管理中各种利益关系按照一定规范进行有效调节的依据，尤其在不同专政管理系统、不同管理层次关系等方面的规定和调节上，法律方法更具有特殊的制约作用。这种情况下，那种互不买账、互相推诿、互相扯皮的现象可以得到有效的管理和消除。

(3) 促进竞技体育的发展

竞技体育的发展需要法律法规的支持与保护。例如：运动员的选拔与培养、运动员退役与安置、运动场馆设施的设计及建筑、体育场馆的管理和使用等，都应给予法律保护；对运动训练管理中责、权、利不清，信息不通，人、财、物浪费等有碍竞技体育发展的因素，应进行必要的法律制裁。

3. 经济方法

经济方法是依据客观经济规律的要求，运用经济手段，对各种不同经济主体利益之间的关系进行调节，以实现管理目标的方法。这里所说的经济手段包括宏观经济手段和微观经济手段，不同的经济手段在不同的领域中发挥各自不同的作用。宏观经济手段主要包括价格、税收、信贷等；微观经济手段主要包括工资、奖金、罚款、经济合同等。

在社会主义市场经济中，经济方法有着重大的意义，它可以使运动训练管理的效能得到有效提高，使运动员与教练员的积极性、创造性和主动性得到调动和激发，使运动训练这一特殊的社会劳动价值得到充分的尊重和体现，从而使管理的活力不断增强。具体来讲，以下几个方面是经济方法作用的主要体现。

（1）有利于提高经济效益

对运动训练管理系统来说，提高经济效益就是要提高运动训练的投资效益。例如，对初级训练投资的经济效益进行衡量的指标有很多，包括培养和训练运动员的数量、输送运动员的数量、运动员的成材率等。在国际和国内重大比赛中获得的奖牌数量等指标都能反映高级训练投资的经济效益。只要经济方法运用正确、适当、科学、合理，各层次运动训练投资的经济效益就可以得到有效提高。各级训练组织的积极性调动，训练工作效率的提高，以及人、财、物的统筹安排都受到运动训练管理经济方法运用的直接影响。因此，运动训练管理的社会经济效益要不断提高，必须尽量做到少花钱、多办事、办好事，对那种大手大脚、铺张浪费的不良作风要坚决抵制。

（2）有利于强化管理职能

对运动员、教练员实施奖励，使广大运动员、教练员的积极性得到调动，从而推动我国运动技术水平的迅速提高。实施奖励是上级运动训练管理机构通过各种经济手段来控制下级训练组织和被管理者的工作及训练情况，将他们的经济利益与必须承担的工作任务、本职责任挂钩，区别情况进行赏罚的重要体现，也就是所谓的管理职能强化的表现。经济方法既强化了上级训练管理机构对下级机构和被管理者的指挥、控制等职能，又提高了下级机关和被管理者对上级部门指令和管理决策的接受率，体现了其有利于强化管理职能的作用。

（3）有利于适当分权

经济方法具有经济制约作用，这为给予基层单位相应的经济自主权创造了条件。例如，实行费用定额管理、经费包干管理，既有利于对培养运动员的费用消耗和其他各种训练费用消耗的实际情况进行分析和比较，又有利于下级训练部门的自主权的充分发挥，搞活管理，较好地发挥管理的逆向作用。

（4）有利于客观地检查评价管理效果

运用经济方法来反映管理效果是通过具体的经济指标来实现的，因此，经济方法具有客观性、可比性的特点。为了充分调动下级训练部门和被管理者的积极性，一般来说，经济方法所采用的都是公平、有效、具有明显的激励效能的经济技术指标。此外，运动竞赛中的效益也是评价效果好坏的依据之一。

4．宣传教育方法

通过宣传和教育等方式，使人们围绕着共同目标采取行动的方法就是宣传教育方法。宣传教育方法的客观依据是人们对思想活动的发展规律的正确认识。一方面，在运动训练管理系统中，为促进管理目标的实现，各项工作的进行都采用灌输、疏导和对比等教育工作方法，激发行政管理人员、教练员、运动员的工作和训练热情。另一方面，宣传教育方法对其他管理方法的综合运用起着宣传、解释的优化作用。我国运动训练各级管理所应用的各种方法或者所制定的各种法规、方针、政策和规章制度等实施效果的好坏，都同宣传教育方法密切相关。

（二）现代管理方法

现代管理方法属于一个方法体系，它是对现代管理中所运用的方法的总称。对于现代管理方法，从理论上可以进行各种分类，如数量分析法、信息系统管理法、管理心理学法等，这些现代管理方法已经越来越广泛地应用到训练中来。

1. 数量分析法

一般来说，数量分析法是指在一定的理论指导下，运用数学原理、数学公式、数学图形等，通过建立数学模型，并对模型进行计算和求解，从而为管理者提供满意选择的一系列方法、技术的总称。它是以定量分析为主的管理方法。数量分析方法具有丰富的内容和众多相对独立的分支，一般由以下四个基本部分构成。

（1）理论基础

数量分析法的理论主要包括基本理论和方法论两大类，其中，基本理论涉及哲学理论、经济理论和管理理论，方法论主要包括系统论、信息论、控制论以及现代数学理论。数量分析方法就是以上述诸多理论的有关思想为理论基础，从而对某种方法能够解决什么问题，为什么能够解决这样的问题，以及如何解决等基本问题进行回答。

（2）数学模型

几乎所有的数量分析法都有自己独特的数学模型，这是因为数量分析法对定量分析比较注重，其分析主要借助于数学模型来进行。对于数量分析法的数学模型来说，它既符合一定的数学原理，又能对客观事物间复杂的数量联系有比较准确的反映。

（3）方法步骤

所有的数量分析方法都有一定的步骤。步骤是对某种方法解决问题所必须遵循的一般程序的体现，违背了这些程序，这种方法的作用就不能发挥，问题也不会得到很好的解决。

（4）管理手段

数量分析法中所运用的现代化的通信设备和计算工具就是管理手段。如前所述，运用数量分析方法，进行大量而复杂的计算是必要的，只有电子计算机才能胜任这种计算，而只有现代化的通信设备和信息获取手段相配套，计算机才能得到运用，否则计算机的作用就不能得到充分发挥。为此，数量分析方法总是与现代化的管理手段相联系的。

2. 信息系统管理法

管理信息系统是一个由人和计算机等组成的能进行信息收集、传递、存储、加工、维护和使用的系统。管理信息系统能从全局出发，辅助组织或其他机构进行决策，利用信息，控制机构的行为，并帮助实现规划目标。

信息管理系统的作用如下：

第一，大幅减轻组织管理人员的工作强度，节省人力和物力。在手工条件下，分类、登记和计算都是组织人员需要进行的工作，在实现信息化后，计算机可以自动完成计算、分类、存储等工作，而操作人员只需将原始记录输入计算机。不仅大量的重复计算由计算机完成，而且输入数据后所有的数据处理也可由计算机系统完成，人工方式的许多中间的处理环节就可以避免，从而大幅降低工作人员的工作强度。

第二，提高组织管理的工作效率。计算机进行数据的处理，其速度是人工方式的数量级倍数，将使组织经营信息的提供更加及时。组织单位内部网络的建立，使部门之间的工作衔接更加紧密，业务办理速度显著提升。

目前，运动训练信息管理系统已得到广泛的应用，在运动训练的科学化和提高训练水平方面，发挥着越来越大的作用。

3. 管理心理学方法

管理心理学是一门科学，它的研究对象是管理活动中人的心理活动规律，目的是调动人的积极性、开发人的潜能、提高工作效率和管理效率。管理心理学理论的应用，使管理思想得到发展，管理方法得到丰富，运动训练的管理得到优化。

(1) 管理心理学方法的内容

第一，经验总结法。一个人在特定条件下实践的结果就是经验，因此，特殊性和局限性是其特点。通过总结个人经验，可以将好的经验向更广阔的范围推广，如果也取得好的成效，那么从中就可发现具有普遍意义的规律。因此，要重视运动训练管理过程中管理者、教练员、运动员所积累起来的丰富经验，但又不能停留在经验总结的水平上，必须努力把它上升到科学理论水平。

第二，调查法。根据调查的目的，通过谈话、问卷等方式获得材料的方法就是调查法，因此，调查法又可分为谈话法和问卷法。研究者与有关人员面对面交谈，听取意见，观察其态度和表情等就是谈话法。如对运动员的个性或训练态度问题进行研究，就需要对不同类型的运动员进行调查，了解不同类型的材料。运用灵活、能及时发现问题是谈话法的优点，但谈话法的运用以彼此信任为基础，调查研究者不能带有主观偏见。问卷法是指用明确的词语叙述问题，编写一套问卷并规定评定标准的方法。问卷法是用文字来表达问题的，这些问题是引起被试者反应的动因，可以收到比较统一的效果，它可以同时施用于很多被试者，时间上比较经济。问卷结束所得的材料是比较简明的文字或符号，便于进行数量统计。但是，问卷效果常会受到问卷题目的难度或被试者阅读水平的影响，因此，调查资料的真实性及调查质量往往得不到保证。

第三，实验法。实验法是实验者控制或操纵一种自变量（又称实验变量），然后观察被试者因自变量变化而产生的变化，利用统计学方法来处理资料，并对其进行分析、归纳，最后得出结论的方法。实验法可分为实验室实验法和自然实验法。在运动训练管理的研究中，来自组织和团队内外环境及成员间所产生的交互作用等社会因素会对观察对象的心理活动产生影响，因此，用实验室实验法来进行研究的可能性不大。

第四，量表测试法。量表测试法是指采用标准化的量表对被试者的有关心理品质（如智力、个性、性向和运动反应等）进行测试的方法。心理测验是设置一种刺激的情境，引起被试者反应，然后运用统计学的方法予以量化，求出其结果并对结果加以分析和解释，归纳为结论。

（2）管理心理学方法的运用优势

第一，有助于组织的变革和发展。任何一个管理系统都需要根据内外部环境的变化而变化，在适当的时候进行变革和创新，这说明管理系统不是封闭的，运动训练管理系统同样如此。管理心理学从"以人为本"的管理理念出发,对组织结构的形式对组织成员的心理影响、可塑性组织的能力及其设计、高层管理者在组织变革中的有效思考与行为、组织变革的基本模式与对策等进行研究。该研究方法和成果能在设计组织、改造组织方面为管理者提供帮助,能促进组织双重目标的实现。

第二,有助于知人善任,合理地使用人才。组织中的每一个人都有不同的气质、能力、性格和兴趣爱好,即有着各自的个性特征。教练员必须对要进行训练的运动员的个性有预先了解,只有这样,才能针对不同的运动员采用合适的方法,发挥方法的作用。教练员在与运动员交往时,也应根据运动员和由这些运动员组成的团队所表现的不同个性和队风的情况,采用不同的形式、手段和教学方法。研究管理心理学个性心理及其测定方法,能帮助运动训练管理者对运动员的性格特点和能力所长进行全面了解,做到以事就人,人适其所,人尽其才,使每个运动员的能力、工作和总体效率都达到最佳水平。

第三,有助于加强以人为中心的管理,调动人的积极性、主动性和创造性。组织中的人是多种多样的,人有丰富的感情和不同的能力,有独特的个性和不同的需要。运动训练系统中的管理者运用管理心理学方法可以对人的心理进行有效的把握,对处于其中的个体的心理特点和组织的报酬体系对其训练效果的重大影响有着清晰的意识,能实现对运动员的合理、优化的配置和管理,能实现个体和团体的目标。

第四,有助于改善人际关系,增强群体的凝聚力与向心力。群体是个体活动的舞台,是管理者管理的基本单位。使全队能够齐心协力是一个教练员或训练管理者所面临的最困难的任务。虽然代表团队上场比赛的只有少数队员,但是首先它要有核心,且核心必须是愿意做出自我牺牲、善于合作和艰苦奋斗的队员。在这种合作和自我牺牲精神的指导下,让队员展开一场争当主力的竞争。为了组成一个齐心协力的团队,每个队员要把自己"融化"在团队这个集体之中,不仅要甘当替补队员,而且还要把全队的利益放在个人利益之上;同时,在不损害团队利益的前提下，努力提高自己，使自己成为主力队员。管理心理学对群体心理与行为的研究，能帮助管理者对个体与群体、群体与群体之间的互动关系有所认识，协调它们相互之间的关系，形成合力。通过高水平的群体或团队的建设，群体活动的效率可以得到有效提高。

第二节 高校运动训练的管理内容

一、高校运动训练的运动队伍管理

运动队是当前我国竞技体育组织系统中重要的基本单元，是组织实施运动训练的基层组织形式。高校运动训练队伍是我国竞技体育队伍的重要后备力量，因此要特别加强对运动训练队伍的管理。

（一）运动队伍管理的内容

随着社会和时代的发展，竞技体育的管理体制发生了巨大的变化，各竞技项目管理体制、运行机制、比赛制度和经费来源因体育事业社会化、产业化的进程而有了重大的改变，多元化的格局也在运动队的组织建设中呈现出来；运动队的隶属关系也发生了变化，以前是单一的行政区划组队，后来发展为行政区划、企业（集团）、团体及个人等多种隶属关系共存的局面；运动队的服务职能也发生了变化，由单一地对国家、地方利益负责向其他方面延伸。

创造优异的运动成绩是运动队管理的重要目标，管理工作的一切都应围绕着这一目标进行。运动队管理的主要内容包括：运动训练目标确定后，训练和比赛的组织与保证工作；教练员和运动员的教育与培养；与训练活动有关的各项事务与各类人员的教育、监督和协调；运动队多种效益的获得与发挥等。

（二）运动训练队伍管理的任务

第一，通过科学的预测和决策，制定不同时期的发展目标，并为实现这些目标奠定良好的认识基础。

第二，为使训练目标得以顺利实现，必须科学地组织实施计划。运动队管理的首要工作就是保证训练计划顺利实施。在确定运动成绩目标后，由教练员、运动员及科研人员等有关人员提出达到这一目标的训练计划，此后，运动队管理的头等大事就是保证这一计划的顺利实施。实施训练计划过程中，将会遇到许多非训练的问题，解决这些问题需要通过科学的管理。

第三，不断完善队伍内部的管理机制，使人力、财力、物力的组织、分配和使用更加合理，以使它们的作用得到充分发挥。

第四，系统运用管理机制的各种方法、技术和手段，以使每位工作人员的作用得到合理有效的发挥，使一切积极因素得以调动，保证各项工作高效率进行。运动队管理的关键工作就是激发运动队所有人员的积极性，因为在创造运动成绩过程中，人是最积极、最活跃的因素，起着决定作用。提高管理效能的根本措施就是尊重知识、尊重人才、培养人才并正确使用人才，要完成这一关键工作，必须在管理过程中强调管理对象的自觉性，激发他们自我实现的精神。要想有效地实现科学管理，达到良好的效果，必须科学地、民主地处理训练过程中所涉及的非训练因素产生的影响。

第五，积极运用各项科技新成果，使之与运动训练有机地结合起来，为提高大学生竞技水平提供有力的科技支持。

第六，运动队伍与外部单位以及运动队伍内部各要素之间都存在着复杂的关系，这些关系都对运动队伍有着重要的影响。因此，在运动队伍管理中要认真处理各方面的关系，主要是处理好思想政治工作与法规管理的关系、主体与客体的关系以及外部约束机制与自我约束机制的关系。

二、高校运动训练的教练员管理

（一）教练员的角色分析

1. 教练员是运动队伍管理工作的重要决策者

搞好训练是运动队管理工作的主要任务和核心工作，而教练员是训练过程的主要设计者和组织者，同样也是训练管理工作的重要决策者。

教练员是运动队伍管理工作的重要决策者，主要体现在针对训练工作的开展方向、某一时间阶段内的工作内容和完成总任务的具体对象，教练员提出相应方案，并与领队等运动队中的其他成员密切配合，通力合作，带领运动队完成好训练任务。

2. 教练员是运动队伍管理链中的信息沟通者

教练员平时与运动员接触时间最长，最了解运动员的身体、生活和思想情况，因此，在运动队中教练员对训练工作最具发言权，这就要求教练员时刻掌握本项目运动训练发展的最新动态和与本运动队有关的其他运动队的信息，并及时向领队和其他管理人员通报信息。教练员将运动员的情况及时、全面地提供给领队等管理人员，有助于他们更好地组织全队的管理工作。

3. 教练员是运动队人际关系的协调者

调动运动员的积极性是运动队完成训练工作任务、取得优异的成绩的关键所在，这是从管理学角度得出的结论。但是，由于种种原因，运动员之间容易产生矛盾；在执行运动队制定的规章制度时，队内各类成员产生一些矛盾也是不可避免的。这时，教练员应该从维护正常训练工作秩序出发，协助领队做好其他人员尤其是运动员的思想工作，化解矛盾，协调关系。

教练员与运动员之间也会产生矛盾，这在运动队中非常常见。在这种时候，教练员在处理与运动员之间的分歧和矛盾时必须及时主动，既要客观地对待自己，又要尊重运动员的个性。在运动员对训练工作有不同看法时，教练员不宜固执己见，应该多听取运动员的不同意见或设想，因为作为训练的直接参与者，运动员往往有着更直接、更深刻的感觉，体会也更深。

(二) 教练员在运动队中的作用

1. 运动员选材中的作用

在现代训练过程中，运动员的科学选材已成为训练科学化的重要组成。随着现代科学技术的迅速发展及其对训练强有力的影响，运动员选材的理论研究更加广泛，选材工作也更加深入。因此，运动员选材工作从客观上讲对教练员的要求也就越高，教练员在此过程中的作用更加突出，具体表现在以下三个方面。

(1) 指导作用

运动员的科学选材是一项系统工作，因素多而且比较细致。从这项工作的程序上讲，它应以科学诊断和科学预测为基础，对选材对象进行多因素的分析和最优化的选择，将那些与这项成绩关系最为密切、遗传率又较高的指标作为主要条件，从而使运动员选材的定量化模式得以构建，并使大学生选材的方法得以确立。从这些工作的意义上讲，要密切结合专项实际情况，确定对运动成绩提高关系最为密切、影响最大的选材因素，以保证达到能将真正符合运动专项训练的要求以及具备专项训练天赋的运动员选拔出来的目的。对此，由于长期从事运动训练，教练员对专项训练过程中的客观规律以及运动员的身体形态、机能、素质等方面与运动专项训练成绩的关系有着深刻的认识。所以，在同有关专家实施运动员选材的过程中，教练员对影响运动成绩的各种选材因素，运动选材的各种因素的量化模式的确立，以及合理选材方法的选择，有着重要的指导作用。

(2) 控制作用

运动员的选材是一项系统工作，在此过程中，相对优化和完善的目标控制是制定和实施各项措施的前提，也是各项工作顺利进行，达到优胜劣汰目的的保证。在运动选材过程中，教练员的控制作用表现在四个方面：第一，优化控制选材目标；第二，优化控制选材模式；第三，优化控制选材整体效应；第四，优化控制选材方向。

（3）评判作用

运动员选材过程中的关键是对运动员选材的评判，它是衡量教练员的战略指导思想和职业能力的重要标准。教练员选材的评判作用主要包括三个方面：第一，对选材对象的原始数据的优劣与取舍的评判；第二，对选材对象的各种因素之间的相互关系的评判；第三，对选材对象整体水平的评判。

2. 运动训练中的作用

教练员在训练方面的作用有深刻而广泛的表现，概括起来主要有以下四个方面。

（1）训练目标模型的确立

在科学的诊断和预测的基础上，对训练的预期效果在质上做出规定，以限定训练的宏观方向，同时，在量上对训练的预期效果指出所要达到的发展指标，这是训练的目标模型的含义。二者有机统一，相互作用，从而构成一个完整的训练目标模型。因此，教练员在此过程中的作用表现在拟定训练目标方向和拟定训练目标水平两个方面。

（2）对训练过程进行监控

训练过程是一个复杂的动态系统，有着广泛的内容，而且各因素之间存在着相互影响、相互作用的关系。这就要求教练员具有的指导思想必须科学，计划安排必须周密，训练手段必须合理，对训练过程实施的监控必须有效。教练员在此过程中的主要作用表现在三个方面：第一，确立训练任务，科学制订训练计划；第二，建立最佳训练模式，合理选择训练手段；第三，科学安排比赛序列。

（3）对多因素进行调整与控制

训练受到多方面因素的影响，概括起来讲主要包括四个方面，即训练方面的因素、管理方面的因素、信息方面的因素和环境方面的因素。

（4）对训练过程实施科学评价

根据运动项目训练目标和不同训练阶段的任务和基本特征，以及所编制的各种计划文件等，对所实施的各种训练活动的效果、完成训练任务的情况以及运动员成绩和发展水平进行科学判定的过程就是所谓的训练科学评价。保证训练目标的实现，以及使训练系统中的各个环节的变化和发展处于令人满意的状态是其作用。同时，评价过程的实施，可以使各方面的积极性得到调动，从而提高训练的质量。

3. 训练管理中的作用

训练管理工作是由教练员去具体实行的，但这一工作需要科研人员、医务人员、营养保健人员、心理专家等专业人员的协同配合。可以说，教练员是训练的主要管理者，其在训练管理方面的作用主要有四个方面的表现。

（1）科学管理训练过程中的各种实践活动

教练员对各项训练活动的管理作用具体体现在五个方面：第一，规划目标，确立训练任务，制订切实可行的训练计划；第二，提出组队方案，选拔运动员；第三，正确认识与被管理者（运动员）的关系，处理好运动员的各种思想变化和认识发展过程，发挥管理对象的主观能动作用，保质、保量地完成各项训练任务；第四，对训练的各项内容实施最佳的调控；第五，及时反馈、修订和调整各种形式的训练计划。

（2）对运动员思想的管理

我国运动队伍建设的根本任务之一是加强思想政治工作。在运动队伍中，教练员肩负着运动员思想管理工作的重任，原因是教练员与运动员朝夕相处，接触最多，了解最深刻。在此过程中，教练员自身思想建设对运动员的正面教育与言行过程潜移默化的影响是教练员作用的体现之处。

4. 临场指挥中的作用

比赛是双方实力的对抗，也是运动员智慧的角逐，更是双方教练员的较量。教练员虽然不是竞技场上双方角逐的直接参与者,但他运筹帷幄,不断对比赛中运动员战术的运用和心理变化进行着调整和控制,有时甚至决定着比赛的胜负。比赛有着一定的时间限制,教练员的临场指挥通常表现在比赛前的准备期间和比赛之中。在此过程中,教练员的作用集中体现在战术方案的选择和调控、运动员竞技状态的调整两个方面。

(三)教练员应具备的素质

1. 专业知识结构

专业知识结构是指精通本专业的知识技术,拥有较高的专业训练水平和组织专项教学训练的实践能力,以及结合训练工作从事科学研究的能力。运动训练是以人为实施主体的一个动态过程。训练中的运动员、教练员都具有独立的思想、意志、情感,这些因素始终处于动态之中,瞬息万变。因此,教练员的知识结构要以运动训练的基本理论为核心和主体,以哲学和社会科学知识为基础,涉及多门学科知识。

2. 学习和创新能力

对于运动训练学来说,它处在不断的发展创新之中,几乎每时每刻都有新的训练理念、方法和手段。作为一个称职的教练员,终身学习的能力是必须具备的。所谓的学习能力,包括敏锐地捕捉信息、选择信息、始终了解本专业前沿动态的能力,以及学习新的运动技术动作、新的运动训练方法和手段的能力。

除了学习能力,教练员还应具备创新能力。创新能力是指怀疑、批判和整合的能力,是研究者运用知识和理论,在科学、艺术、技术和各种实践活动领域中不断提供具有经济价值、社会价值、生态价值的新思想、新理论、新方法和新发明的能力。创新意识、创新基础、创新智能(包括观察能力、思维能力、想象能力、操作能力)、创新方法和创新环境等都是创新能力包含的内容。创新能力是一个高级人才不可或缺的素养,也是一个运动项目保持优势的灵魂。创新能力比学习能力有着更高的要求，因为创新能力需要积累，需要沉淀，需要思考，需要灵感，更需要对专项的热爱、专注与投入。

三、高校运动训练的运动员管理

（一）运动员的角色分析

1. 运动员是运动队管理工作的主要对象

运动训练工作中的主体是运动员，运动员的参赛成绩是竞技体育系统中一切工作成效最后的集中表现，因此，运动员训练、比赛的成功是全部管理工作组织和开展需要考虑的因素。运动员作为运动队管理工作的主要对象，应该严格地遵守各项管理规章制度，与各种层次的管理工作人员协调配合，使训练工作的有序进行，从而顺利实现训练目标。

2. 运动员是运动队管理工作的积极参与者

在运动队的管理工作中，运动员不仅是被管理者，还是管理工作的积极参与者。运动员应以主人翁的态度，对运动队的管理工作自觉而主动地提出自己的意见，在组织有关活动时，与领队、教练员协同配合。运动员的积极参与可为运动队的管理工作带来巨大的活力，使管理工作与运动训练的实际情况更加切合，有利于取得更为理想的成效。

（二）运动员应有的素质

1. 强烈的进取心

运动员从事训练的决心受到进取动机的直接影响，因此，运动员要有夺取冠军的强烈愿望，树立远大的理想，并为此付出巨大的努力。要想成为运动场上的最强者，运动员必须时时刻刻把强烈愿望化作激励自己的动力，从多次反复的训练中发挥自己的智慧和创造力，用创造性的劳动换取比赛的胜利。

2. 顽强的意志

对于运动员来说，顽强的意志必不可少。优异的运动成绩的取得并非易事，运动员必须承受很大的训练负荷，甚至需要付出常人难以想象

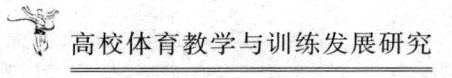

的代价，这是现代运动训练最突出的特点所在。运动员要想战胜自身的惰性和训练过程中遇到的困难，必须具备坚韧不拔的意志力和顽强的拼搏精神。

3. 较强的学习能力与思维能力

现代高水平的运动成绩是高科技、高技术、多学科知识的结晶与综合，运动员要想适应迅速发展的时代要求，必须在知识、文化和理想方面不断充实和提高自己。因此，对于运动员来说，努力学习各种文化知识和专业知识是十分必要的。此外，运动员必须努力培养和提高自己的思维能力，学会分析、判断训练中的各种情况和问题；对教练员布置的各项任务、采用的训练手段与方法，要在理解的基础上自觉完成；通过对自己体会的总结，不断地提高训练水平。

第六章　高校体育教学基础运动训练指导

第一节　田径运动训练指导

一、田径运动的基本概况

田径运动是体育运动的重要组成部分，是最古老的体育运动项目之一，是人类在社会实践中逐步产生和发展起来的最基本的运动项目之一，逐渐成为人类生活、工作中的基本技能。现代田径运动是指由走、跑、跳、投与全能所组成的运动项目，是一种结合了速度与能力、力量与技巧的综合性体育运动。

田径运动是各类体育运动项目的基础，其基本运动形式为走、跑、跳、投，分个人和集体项目，每个项目都有自身的特点，突出反映人的速度、力量、耐力等某一方面的能力。对大学生而言，参加田径项目，能全面地、有效地提高人的身体素质和发展运动技能，而且田径项目不受人数、年龄、性别、季节、气候等条件限制，便于在高校中广泛开展。

二、田径运动技术教学指导

（一）跑类项目技术教学

1. 短跑技术学练

（1）起跑技术

短跑运动的起跑包括起跑前的准备姿势和起跑动作，要求反应快，起动有力，使身体由静止状态获得最大向前冲力（初速度）。因此起跑技术对全程速度和成绩影响很大。根据田径比赛的规则，田径短跑项目中的起跑必须采用蹲踞式起跑，它包括各就位、预备、鸣枪（跑）三个过程。

①各就位

"各就位"口令是要求学生在比赛中做好比赛准备的第一步，也是短跑起跑的第一个过程。学生听到"各就位"的口令后，走到起跑线前，把有力的脚放在前面，身体下蹲，双手在起跑线前撑地，双脚前后分开约一脚半的距离，左右距离大约为10厘米，后膝跪地，双臂伸直，双手相距与肩同宽或稍宽于肩。四指并拢与拇指呈八字形张开，虎口向前，头微低，颈放松，肩约与起跑线平齐，背微弓，双眼看前下方40～50厘米处，注意听"预备"的口令。

②预备

"预备"口令是要求学生做好起跑准备的提示，当学生听到"预备"的口令后，双脚用力后蹬，后膝抬起，臀部提起稍高于肩，背微隆起，重心前移，两肩稍过起跑线。这时学生的重心要落在双臂和前腿上。前后腿、大小腿的夹角分别为90°和120°左右，集中注意力听枪声。

③鸣枪

当学生听到枪声后，双手迅速推离地面，屈肘前后有力摆动，同时双腿快而有力地蹬地，然后后腿以膝部领先迅速向前上方摆动。前腿充分蹬直，使髋、膝、踝关节成一直线，上体保持较大前倾。后腿前摆至最大程度后，大腿积极下压，用前脚掌在身体重心投影后下方落地。刚开始跑时注意步幅不宜过大，上体要在起跑过程中逐渐抬起。

（2）途中跑技术

短跑运动的途中跑是整个快速跑中的主要阶段，在途中跑过程当中，学生应尽量放松，腿部动作幅度大，步子频率快，前脚掌积极而富有弹性地落地，用踝、膝积极缓冲过渡到后蹬。后蹬时摆动腿应迅速有力地向前上方摆出，积极带动髋关节前送，迅速伸展膝、踝关节，最后用脚趾蹬离地面。后蹬角约为50°左右。双臂的摆动有助于维持身体平衡、加快步频和加大步幅。摆臂时双手半握拳，肘关节自然弯曲成90°，以肩为轴快速有力地前后摆动。跑动中面朝前方，目视终点，颈部放松，躯干保持正直或稍前倾。注意动作轻松有力，协调自然，步幅要大，频率要快，重心平稳，跑成直线。呼吸要短而快，千万不可憋气。

（3）终点冲刺技术

短跑运动的终点冲刺是全程的最后阶段，一般为15~20米。技术和途中跑基本相同，但要加强双腿蹬地力量和双臂的摆动，上体可适当前倾，到离终点最后一步时，上体要迅速前倾，撞终点线应用胸或肩部位触及。

2. 中长跑技术学练

（1）起跑技术

起跑是中长跑运动的第一个运动过程，一般采用"半蹲式"起跑或"站立式"起跑两种起跑方式。

① "半蹲式"起跑

学生到起跑线后，有力的脚在前，站在起跑线后沿，另一脚向后站立，双脚前后距离约一个脚掌。前腿的异侧臂支撑地面，支撑地面的手将拇指与其他四指分开呈"人"字形撑在起跑线后沿，另一臂放在体侧。这时学生的重心主要落在支撑臂与前腿上。这种姿势比较稳定，学生不容易因重心不稳而犯规。听到发令员枪响后，双腿迅速并行蹬伸，后面的腿积极屈膝前摆，双臂则配合双腿的蹬摆动作进行屈臂前后摆动，整个身体向前俯冲，以便在较短的时间内获得较快的初速度。

② "站立式"起跑

学生到起跑线后，双脚前后开立，有力的脚在前，脚尖紧靠起跑线后沿，前脚跟和后脚尖之间的距离约为一个脚掌长，双脚左右间距约为半个脚掌长（15~20厘米）。重心大部分落在前脚掌上，后脚用脚尖支撑站立。双腿弯曲，上体前倾，头部稍抬，眼看前面7~8米处，身体保持稳定姿势，集中注意力听枪声。这时双臂的姿势有两种：一种是前腿的异侧臂在前，同侧臂在体侧；另一种是双臂在体前自然下垂。听到鸣枪或"跑"的口令时,双脚用力蹬地,后腿蹬地后迅速前摆,前腿充分蹬直,双臂配合双腿动作快而有力地摆动,使身体迅速向前冲出,以获得较快的初速度。

(2) 加速跑技术

加速跑是学生在中长跑运动中获得较快的途中跑速度的重要技术环节。在加速跑的过程中,上体前倾稍大,摆腿、摆臂和后蹬的动作都应迅速而积极。加速跑的距离主要根据项目、个人特点与比赛情况而定,一般800米要跑到下弯道才结束,1500米跑到直道末才结束,然后进入匀速而节奏的途中跑阶段。

(3) 途中跑技术

途中跑是中长跑运动的主要部分,对学生而言,掌握途中跑的技术非常重要。学生中长跑运动途中跑技术的学练具体有下列几种。

①上体姿势

在途中跑过程中,学生的上体自然挺直,适度前倾15°左右,跑的距离愈长,上体前倾角度愈小,胸要微微向前挺出,腹部微微后收,头部自然与上体成一直线,颈部肌肉放松,眼平视。尽量避免上体左右转动或扭动,后蹬时髋前送,以提高后蹬效果。

②摆臂

在途中跑过程中,学生臂的摆动应和上体及腿部动作协调一致。正确摆臂能维持身体平衡,并有助于腿的后蹬。中长跑时,双臂稍离开躯干,肘关节自然弯曲,半握拳,两肩下沉,肩带放松,以肩为轴前后自然摆动,前摆稍向内,后摆稍向外,摆幅要适当,前不露肘、后不露手。摆臂动作幅度应随跑速大小而变化,感到疲劳时,可改为低臂摆动,以减少疲劳。

③腿部动作

中长跑的途中跑大致可以分为三个阶段,即后蹬阶段、腾空阶段和落地缓冲阶段。

后蹬阶段:当身体重心移过支撑点以后,支撑腿就进入了后蹬阶段。当摆动腿通过身体垂直部位继续向前摆动时，支撑腿的各关节要迅速伸直。后蹬时各关节要充分伸直，首先以伸展髋关节开始，在摆动腿积极前摆的配合下向前送髋，腰稍向前挺，此时膝关节、踝关节也积极蹬直，这样能够适当地减少后蹬角度，获得与人体运动方向一致的更大水平分力，推动人体更快地向前移动。在后蹬结束时，后蹬腿完全伸直，上体、臀部与后蹬腿几乎成一直线，摆动腿使小腿与蹬地腿成平衡状态。

腾空阶段：后蹬腿蹬离地面后，人体进入腾空状态。其任务是最大限度地放松蹬地腿的肌肉，并积极地将大腿向前上方摆出。当后蹬腿的大腿向前上方摆动时，膝关节的有关肌肉群放松，小腿顺惯性与大腿自然折叠。当摆动腿的大腿摆至与地面垂直时，骨盆向摆动腿一侧下降，摆动腿的膝关节低于支撑腿的膝关节。这样摆动腿一侧的膝关节比较放松，肌肉用力与放松交替控制得好。

落地缓冲阶段：当大腿膝盖摆到最高位置后开始下压时，膝关节也随之自然伸直，用前脚掌做"扒地式"的着地。当脚与地面接触之后，膝关节和踝关节弯曲，脚跟适度下沉，脚着地点更靠近重心投影点，落在重心投影点前一脚左右的地方。跑时可用脚掌外侧着地过渡到全脚掌，也可用全脚掌着地，着地动作要柔和而有弹性，双脚应沿着直线落地。落地后立即进入下一个"后蹬阶段—腾空阶段—落地缓冲阶段"过程的循环。

（4）弯道跑技术

中长跑运动中约有一半以上的距离是在弯道上进行的。学生要想克服沿弯道跑进时产生的离心力，身体可适当向左斜，跑速越快向左倾斜的程度越大。摆臂时，右臂向前摆的幅度稍大，前摆时稍向内，左臂后摆幅度稍大。摆动腿前摆时，右膝前摆应稍向内扣，左膝前摆稍向外展。脚着地时，右腿用前脚掌内侧着地，左腿用前掌外侧着地。弯道跑时，应靠近跑道的内沿，以免多跑距离。在比赛中最好不要选择在弯道上超越对手。

(5) 终点跑技术

终点跑是学生在到达终点前的一段加速跑，其动作要求基本上和短跑相同。这时学生已处于疲劳状态，需要依靠顽强意志冲向终点。跑的动作应该是摆臂加快而用力，加强腿的后蹬与前摆。由于中长跑的距离不等，学生可以根据个人的余力、场上情况和战术要求来决定冲刺的距离。一般情况下，800 米跑可在最后 200~250 米开始加速并逐渐过渡到冲刺跑；1500 米可在最后 300~400 米逐步加速。

(6) 呼吸技术

学生在参加中长跑锻炼时，掌握好呼吸的节奏很重要。具体来讲，中场跑中正确的呼吸方法应该是口与鼻共同进行的，通常是采用微张口与鼻同时吸气，用口来呼气。在寒冷的季节里，吸气时为了避免冷空气直接从口腔进入体内，可采用卷起舌尖抵住上颚的口腔吸气方法来缓解冷空气吸入。呼吸的节奏应和跑步的节奏相配合。慢速跑时，可采用三步一呼、三步一吸的呼吸方式；快速跑时，可用两步一呼、两步一吸的呼吸方式。

(二) 跳跃项目技术教学

1. 跳远技术学练

(1) 助跑技术

在跳远运动中，助跑的目的是获得最大的水平速度。跳远的助跑步幅要稍小些，频率要较快，身体重心较高，节奏性要强。助跑时应沿直线逐渐加速，跑到起跳板时应达到最高速度，为踏跳做充分准备。运动实践中，助跑距离的长短因人而异。一般来说，男子助跑距离为 35~45 米，女子助跑距离为 30~35 米。

(2) 起跳技术

学生在快速跑助跑的情况下，通过快速有力的助跑来获得必要的垂直速度，并尽量在保持水平速度的前提下，使身体腾起。在跳远中水平速度大于垂直速度，腾起角小于 45°。起跳是跳远技术的关键。当学生的助跑将要结束时，在助跑的最后一步，当摆动腿得到支撑时，起跳腿快速跑动,向前折叠和摆动,上体正直或稍后仰。在起跳脚着地的刹那,助跑水平速度的惯性和身体重力给起跳腿带来了很大的压力,迫使起跳腿的髋、膝、踝关节弯曲缓冲,全脚掌迅速滚动,身体前移,双臂积极向上摆动至与肩齐平时突然停止,摆动腿的大腿积极向前上方摆至水平位置,小腿自然下垂,完成起跳动作。

(3) 腾空技术

学生起跳腾空后,身体应尽量保持平衡稳定,并做好落地的准备。上体正直,摆动腿屈膝前摆,大腿高抬并保持水平姿势,起跳腿自然放松地留在后面,成腾空步姿势。跳远腾空姿势有以下三种。

①蹲踞式

学生在腾空步以后,迅速将起跳腿提至前方与摆动腿并拢,双腿屈膝向胸前靠近,同时上体稍向前倾。快要落地时双腿向前伸出,同时双臂向后摆。当脚跟触及沙面时,双膝近地面弯曲,双臂从后向前摆动,身体重心前移以保证平稳落地。

②挺身式

学生在腾空步后,摆动腿自然下落,小腿向前、向下、向后弧形摆动,使髋关节伸展,双臂向下、向后上方摆振。这时留在身体后面的起跳腿与向后摆的摆动腿靠拢,臀部前移,胸、腰稍向前挺,形成挺身展体的姿势。落地前双臂由后上方向前、向下、向后摆动,收腹举腿。上体前倾以保证平稳落地。

③走步式

在跳远运动中走步式跳远难度较大,要求学生在腾空阶段完成走步的动作。当学生起跳动作完成后,身体呈现"腾空步",处在身体前方的摆动腿应以髋为轴,用大腿带动小腿向下、向后方摆动,同时处在身体后方的起跳腿则以髋关节为轴,大腿向上抬摆,并且屈膝带动小腿前伸,完成两条腿在空中的交换动作。双臂也要配合双腿的换步进行绕环,以维持身体平衡。

（4）落地技术

跳远的落地技术有以下两种。

前倒落地：脚跟落地后，前脚掌下压，屈膝并向前跪，使身体移过支撑点后继续向前移动，身体前扑倒下。

侧倒落地：脚跟落地时，一腿紧张支撑，另一腿放松，身体向放松腿的一侧倒下。

2. 跳高技术学练

（1）助跑技术

助跑前应先熟悉助跑的距离。助跑弧线丈量方法：先确定起跳点，起跳点一般在距离近侧跳高架的立柱 1 米左右，离横杆投影点 50～90 厘米。由起跳点沿横杆的平行方向向前自然走五步，再向右转 90°角向前自然走六步做一标志，再向前走七步画起跑点（最后一步一般比倒数第二步短 10～20 厘米）。由标志点向起跳点画一弧线（半径约为 5 米），即为最后四步的助跑弧线。跳高运动中，以背越式跳高为例，学生的助跑路线分前后两段，前段跑直线，后段跑弧线（最后三、四步）。用远离横杆的腿起跳。助跑的距离一般为 6～8 步或 10～12 步。起跑点和起跳点的连线与横杆夹角约为 70°左右，弧线半径 5 米左右。

助跑过程中，助跑的前段应快速跑，跑法和普通加速跑相似。后段由于跑弧线，所以身体向圆心倾斜，跑速愈快，斜度愈大，前脚掌沿弧线落地。助跑的特点是身体重心高，步频快，小腿伸得不远，落地更为积极。这样便于保持较大的水平速度，有利于做快速跑有力的起跳动作。由于是弧线助跑，起跳时身体侧对横杆，因而转体较为容易。整个助跑过程中身体应较松、自然，跑的过程中注意高抬膝关节。

（2）起跳技术

良好的起跳能使学生把助跑时所获得的水平速度转变为垂直速度，使身体腾空。学生的起跳动作可细分为起跳、脚着地缓冲和蹬伸三个阶段。当学生助跑到倒数第二步结束，摆动腿支撑地面后，在摆动腿迅速

第六章 高校体育教学基础运动训练指导

有力后蹬推动身体快速跑前移的作用下，起跑腿迅速以髋关节带动大腿积极向前迈步，起跳脚顺弧线的切线方向踏上起跳点，以脚跟外侧领先着地并迅速滚动到全脚掌。同时双臂要配合摆动腿迅速向前上方摆起，重心快跟，上体积极前移，使起跳腿缓冲。跳时，起跳腿的髋、膝、踝关节必须充分伸直，这是直立腾起的关键，同时双肩倒向横杆，使骨盆比肩更迅速地上升而使身体尽量与地面保持垂直，身体重心轨迹与足迹重叠，以便为最后用力地蹬伸腾起创造有利条件。当身体重心移至起跳点上方时，起跳腿迅速而有力地蹬伸，完成起跳动作。注意起跳要求和助跑的最后几步要衔接紧凑。

（3）过杆和落地技术

一些学生在起跳后由于摆动腿屈膝向异侧肩前上方的积极摆动，使身体腾空后逐步转为背对横杆的姿势，这时不要急于做过杆动作，而要努力保持身体的上升趋势。当肩和背高于横杆时，两肩迅速后倒，充分展髋，小腿放松，膝部自然弯曲，身体成反弓形，背部与横杆成交叉状态，反弓仰卧在横杆上方，髋部的伸展动作要延续到臀部过横杆。当膝盖后部靠近横杆时，两小腿积极地向上举。含胸收腹，以肩背领先过杆，过杆后注意落垫时的缓冲。

（三）投掷项目技术教学

1. 推铅球技术学练

（1）握法和持球

以右手为例，握球时，五指自然分开弯曲，手腕背屈。把球放在食指、中指和无名指的指根处，拇指和小指自然地扶在球的两侧。握好球后，把球放在锁骨窝处，贴近颈部，手腕外转，掌心向外，手臂肌肉放松，握球要稳。

（2）预备姿势

推铅球的技术有侧向滑步投、背向滑步投和旋转投三种方式。这里重点介绍背向滑步的预备姿势。背向滑步的预备姿势有两种，具体如下。

①低姿势

学生持球背对投掷方向，双脚前后开立 50～60 厘米，右脚跟正对投掷方向，左脚以脚尖或前脚掌着地，左臂自然下垂或前伸，双腿自然弯曲，上体前俯，重心落在右腿上，双眼看前下方 2～3 米处。这种姿势容易维持平衡。

②高姿势

学生持球背对投掷方向，右脚尖贴近圆圈，脚跟正对投掷方向，重心在右脚上。左脚在后，并以脚尖或前脚掌着地，距右脚 20～30 厘米。上体正直放松，左臂自然上举或前伸，双眼看前下方 3～5 米处。这种姿势较为自然放松，能协调地进行滑步动作、提高速度。

（3）滑步技术

良好的滑步技术能使人体和铅球获得一定的水平速度，并为最后用力创造良好的条件。

在做滑步前，学生可做 1～2 次预摆。当摆动腿向后上方摆出，上体自然前俯，左臂自然地伸于胸前。然后左腿回收，同时弯曲右腿，当左腿回收到接近右腿时，身体重心略向后移，紧接着左腿向投掷方向拉出，右腿用力蹬伸，当脚跟离地面后，迅速拉收小腿，右脚向内转扣，并用前脚掌着地，落在圆圈中心附近与投掷方向约成 130°角。这时左脚要积极下落，以前脚掌内侧迅速地落在直径线左侧靠近抵制板处。双脚落地的时间越短越好，从而使动作连贯，并能迅速地过渡到最后用力。

（4）最后用力和投掷后维持身体平衡

在推铅球运动中，学生投掷铅球的方法不同，其最后用力维持身体平衡的方法也不同。以背向滑步技术为例，学生最后用力后的身体平衡具体如下。

当学生的左脚积极着地的一刹那，最后用力就开始了。在滑步拉收右腿的过程中，右膝和右脚向投掷方向转动，右脚着地后还要不停地蹬转，并推动右髋向投掷方向转动。上体逐渐向上抬起，在右髋的不断前送中很快地向左转体，挺胸抬头，左臂摆至身体左侧制动，双脚积极蹬伸，同时右臂将铅球积极推出，在铅球快离手时，手腕和手指迅速向外拨球。投球的角度一般为 38°～42°。当球离手后，立即将右腿换到前面，屈膝，降低重心，以维持身体平衡。

2. 掷标枪技术学练

（1）握枪和持枪

①握枪

握标枪的方法主要有现代式握法和普通式握法两种，以右手投掷为例介绍如下。

现代式握法：现在大都采用的握法是将标枪斜握在掌心，拇指与中指握住标枪缠绳把手末端第一圈上端，食指自然地贴在标枪上，无名指与小指也自然握住绳把。

普通式握法：用拇指和食指握住标枪缠绳把手末端的第一圈，其余三个手指握住绳把。

②持枪

持枪的方法有很多，不管是哪一种持枪方法都应有利于持枪助跑发挥速度，有利于引枪并控制标枪的位置和角度，并保持肩部放松和持枪臂的放松。以下重点介绍肩上持枪法和腰间持枪法。

肩上持枪：把标枪举在肩上，弯曲的投掷臂和手腕控制标枪，标枪的尖部略低于尾部，整个标枪稍高于头部，放松手腕。

腰间持枪：握枪后将标枪置于腰侧，助跑时枪尖在后，枪尾在前，持枪助跑仍像平跑时那样前后摆臂，进入投掷步时再引枪，将枪尖对准投掷方向。这种方式引枪时，需翻手腕将枪尖对准前方，因此难度较大。助跑时肩、臂动作自然放松。

（2）助跑技术

同推铅球的滑步、掷铁饼的旋转一样，掷标枪助跑的作用是使人体和标枪获得一定的预先速度，并控制好标枪的位置，为引枪和超越器械创造良好的条件。掷标枪的助跑由两个部分组成：第一段是预跑，即持枪跑；第二段是标枪特殊的助跑，即投掷步。

①预跑阶段

掷标枪的助跑一般要 25～35 米。从第一标志到第二标志大约 15～20 米距离作为预跑阶段，通常跑 8～14 步。预跑段时，投掷臂持枪，上体稍前倾，用前脚掌着地，高抬大腿，蹬伸动作有力，动作轻快而富有弹性，并且助跑的节奏性要强，持枪臂和另一臂要与双腿动作协调配合，双眼平视，头部自然抬起。

学生在预跑段的助跑应是逐渐加速的，助跑的步长也要稳定，助跑阶段也要能控制，以有利于完成投掷步和最后用力为前提。掷标枪助跑时的速度为本人最高跑速的 60%～85% 时，就是适宜助跑速度。但这也得根据个人的技术熟练程度而定。对初学者来说，预跑段的助跑速度要控制好，如果技术熟练，可提高助跑速度。

②投掷步阶段

在掷标枪的投掷步过程中，包含着一个特殊的交叉步，为此，有人把掷标枪的投掷步阶段称为交叉步阶段。投掷步阶段是从第二标志开始到最后用力的这一阶段。实际上是从预跑加速过渡到最后用力直至标枪出手这一系列的动作阶段。投掷步的任务是通过特殊的助跑技术，使下肢动作加快，在快速跑向前运动中完成引枪，并且通过投掷步使身体超越器械，为最后用力和出手创造良好条件。投掷步通常跑 4～6 步，男子大约需 9～15 米，女子 8～13 米。投掷步有跳跃式和跑步式两种形式。

跳跃式投掷步：腾空时间较长，双腿蹬伸的力量大，有利于引枪动作和超越器械的完成，动作也比较轻快自如。但这种跳跃式的投掷步，要防止跳得过高，否则会因重心起伏过大，影响动作的直线性和连贯性。

跑步式投掷步：近似平常跑步，特别是向前速度较快，身体向前平直,但不利于形成身体的超越器械。

(3) 最后用力和标枪出手后的身体平衡

学生在投掷步的第三步右脚落地后,髋部因惯性向前继续运动,身体继续向前运动,在身体重心越过了右脚支撑点上方时(左脚还未着地),右腿积极蹬伸用力。左脚着地时,左腿做出有力的制动动作,可加快上体向前的运动速度。右腿继续蹬地,推动右髋加速向投掷方向运动,使髋轴超过肩轴,并带动肩轴向投掷方向转动。在肩轴向投掷方向转动的同时,投掷臂快速跑向上翻转,使上体转为面对投掷方向,成"满弓"姿势。

此时投掷臂处于身后,与肩同高,与躯干几乎成直角,标枪处在肩上后方,掌心向上,枪尖向前。当学生的身体成"满弓"姿势后,胸部继续向前,将投掷臂最大限度地留在身后,右肩部的肌肉最大限度地伸展。由于向前的惯性的作用,左腿被迫屈膝,随即做迅速有力的充分蹬伸,同时以胸部和右肩带动投掷臂向前做爆发性"鞭打"动作,并使用力的方向通过标枪纵轴。

标枪出手后,保持身体平衡是全过程的结束动作。为了防止人体越过投掷弧而造成犯规,标枪出手后,右腿应及时向前跨出一大步,降低身体重心,以保持平衡。为了保证最后用力时可以大胆向前做动作而又不犯规,注意最后一步左脚落地点至投掷弧的距离应在1.5~2米之间,避免距离过远或过近。

第二节　体操运动训练指导

一、体操运动的基本概况

"体操"一词源于古希腊语,古希腊人将从事锻炼的各项走、跑、跳、攀登、爬越、舞蹈、军事游戏的内容统称为体操,体操是当时所有运动的总称。这一概念沿用了较长时间。19 世纪末，欧美各国相继涌现了一些新的运动项目，并建立起"体育是以身体活动为手段的教育"的新概念。至此，"体育"一词才逐步取代原来体操的概念成为身体运动的总称，体操也从内容和方法上区别于其他的身体运动形式，形成自身独立的运动项目和现代的概念。

现代体操指的是通过徒手、持轻器械或在器械上完成不同类型与难度的单个动作、组合动作或成套动作，充分挖掘人的潜能，表现人的控制能力，并具有一定艺术要求的体育项目。随着时代的变革，体操运动的项目和运动方式等得到了不断发展和完善。

现代国际竞技体操向难、新、美、稳相结合的艺术化方向发展。可以预期，随着竞赛复杂化、选手年轻化与训练科学化等程度的不断加深，体操技术将会迅速发展到一个新的水平。

二、体操运动技术教学指导

（一）体操初级技术教学

1. 技巧

（1）倒立

倒立有很多类型，包括肩肘倒立、头手倒立、手倒立、直臂屈体分腿慢起手倒立等。

①肩肘倒立

坐撑，上体后倒，收腹举腿，当脚尖至头上方时，双臂在体侧下压，双腿上伸。至倒立部位时，髋关节充分挺开，臀部收紧，屈肘手撑背部，停住。

②头手倒立

蹲撑，双手在体前撑地与肩同宽，用头的前额上部在手前约等边三角形处顶垫。一脚稍蹬地，另腿后上摆，接近倒立时，并腿上伸，身体挺直成头手倒立。

③手倒立

直立，双臂前上举，接着体前屈，双手向前撑地（同肩宽），稍含胸，一脚蹬地，另腿后摆。当摆动腿至垂直上方时，蹬地腿向摆动腿并拢，顶肩立腰，全身紧住成手倒立。手倒立的控制，如重心向前时，手指要用力顶住，同时稍抬头顶肩。如重心向后时，掌跟用力，稍冲肩。

④直臂屈体分腿慢起手倒立

由分腿屈体立撑开始，肩稍前移，含胸顶肩，收腹向上提臀，双腿靠紧体侧。当臀部上提接近垂直部位时，双腿由两侧向上并拢，同时肩随之后移，成手倒立。

（2）平衡

①俯平衡

直立，单腿后举，上体慢慢前倒，成单脚站立，另一腿尽量向后高举，挺胸抬头，双臂侧举成平衡姿势。

②侧平衡

由站立开始，一脚站立，一腿侧举，同时上体侧倒，一臂上举，另一臂稍屈贴于体后，成侧平衡姿势。

2．单杠

（1）蹬地翻上成支撑

①动作要领

直臂正手握低杠站立，屈臂上步于杠前垂面，后腿由后经下向前摆动。同时前腿蹬地向后上方跳。同时屈臂用力引体、倒肩、腹部靠杠，当身体转斜到45°时，双腿伸直并拢，当身体翻转后水平时，制动双腿，抬上体，翻撑杠。

②练习方法

A．跳上支撑前倒慢翻下。

B．单腿蹬高处做翻上。

③保护与帮助

保护者站在杠前侧方，当练习者蹬地后，一手托其臀部，另一手托其肩部帮其翻转。

(2) 后向大回环

①动作要领

由手倒立开始，身体下落时要直臂顶肩，脚向后远伸，身体尽量伸直，使身体重心远离握点，前摆接近下垂直部位时要"沉肩"，体稍后屈，摆过垂直部位30°～40°时，迅速向前上方兜腿，稍屈髋，当身体接近杠上垂直部位时，向上伸腿展髋，同时顶肩翻腕成手倒立。

②练习方法

A. 悬垂大摆，体会沉肩。

B. 在海绵包前做手倒立、顶肩后翻成俯卧。

C. 在保护与帮助下练习。

③保护与帮助

保护者站在杠侧高台上，一手从杠下翻握住练习者手腕，另一手托其肩使其倒立。

(3) 单腿骑撑后倒挂膝上

①动作要领

右腿骑撑开始，双臂伸直撑杠，向后摆左腿，推双手，身体重心后移，右腿屈膝挂杠，上体后倒。身体重心远离杠面，当身体转到杠垂面对，左腿加速向前上摆。当转到斜上45°时压穿右腿，翻腕立腰，握紧双手制动，双腿前后大分腿成骑撑。

②练习方法

A. 保护者站其身侧抱后腿，在练习者后移重心时拉腿到离杠极远处。

B. 挂膝摆动。

C. 在保护帮助下练习。

③保护与帮助

保护者在杠前站立，一手从杠下扶练习者的肩，另一手扶其后腿部，当练习者的腿后摆到极点后，保护者一手扶练习者的肩，另一手扶住其膝关节，帮其固定转轴，托肩手帮其翻转。

（4）悬垂摆动屈伸上

①动作要领

悬垂前摆开始，收腹成直角沉肩，过杠下垂面后收腹屈体，双腿靠杠面到前摆极限，回摆同时直臂压杠穿腿，跟肩成支撑，腿继续后摆。

②练习方法

A. 低杠正握，屈体充分拉肩，后跳收腹，脚踏垫子放浪。

B. 用跑放浪上跳做屈伸上。

③保护与帮助

保护者站在杠前侧面，一手杠下扶练习者的肩，帮助加大放浪，另一手在其臀过杠下垂面扶腿帮其收腿屈体。在回摆时一手托其背，另一手托其腿，帮其后上成支撑。

（5）支撑后倒屈伸上

①动作要领

由支撑开始，双臂伸直撑杠，上体后倒，当身体失去支撑时，收腹，屈髋，双腿沿杠面落到脚靠近杠前成屈体悬垂前摆，身体前摆时肩和臀充分远送，后摆到支撑，技术与悬垂摆动屈伸上相同。

②练习方法

A. 支撑后倒放浪。

B. 推杠跳起做短振屈伸上。

③保护与帮助

与悬垂摆动屈伸上相同。

3. 双杠

（1）支撑摆动

①动作要领

前摆从后摆最高点开始，以肩为轴，身体保持直体自然下摆，脚尖向后远伸，肩稍前移。当身体到支点时顶肩向前上方兜腿、顶肩、梗头，按惯性紧腰，身体自然展开，肩角充分拉开。后摆从前摆最高点开始，身体保持伸直，身体自然下摆。固定肩，双臂用力支撑。在身体下摆接近垂直部位前，髋关节稍屈，摆过垂直部位后，加快腿的"鞭打"，含胸顶肩，以肩为轴自然后摆，顶臂使肩角充分拉开。

②练习方法

A. 学习正确的支撑，并在双杠支撑移动。

B. 小幅度支撑摆动。

③保护与帮助

保护者站在练习者侧面，一只手扶其肩部，另一只手托腹（后摆）或托臀（前摆）。

（2）分腿坐前滚翻成分腿坐

①动作要领

分腿骑坐，双手靠近大腿内侧握杠，上体前倒，顺势提臀、屈体，同时双肘内收顶住两肋使臀前上移至双手支点后，迅速开臂成双肩和手共同组成支撑面。并腿前滚，双手迅速向前换握杠，臀部接近杠面时，双腿分开并下压，双臂压杠跟肩成分腿坐。

②练习方法

A. 低山羊放在杠端，在杠面上放一块垫子，在杠端做前滚翻落到垫上。

B. 在帮助下完成动作。

③保护与帮助

保护者站在练习者侧面，一手托其腿，另一手杠下托肩，帮助提臀、屈体、前滚，换手时托其背，防止掉下。

（3）分腿坐慢起肩倒立

①动作要领

分腿骑坐，双手在大腿内侧靠近大腿处握杠，夹肘置于两肋部，低头，前移重心，提臀，当重心移过支点后，双臂开肘以双肩、双手组成支撑面，双腿从两侧拢并腿，抬头立腰倒立。

②练习方法

A. 头手倒立。

B. 做双杠肩倒立。

C. 在保护帮助下完成。

③保护与帮助

保护者站在练习者侧面，一手扶其背部，另一只手扶腹部或扶肺部。

（二）体操进阶技术教学

1. 技巧

（1）滚动与滚翻

①手倒立落下经胸滚动成俯撑

由手倒立开始，肩稍前倾，双臂有控制地弯曲并尽量使身体后屈下落。抬头使胸部先着地，接着腹、大腿、小腿依次触垫滚动，双臂顺势撑直成俯撑姿势。

②前滚翻

蹲撑，提臂，双脚稍蹬地，同时屈臂，低头，含胸，用头的后部、颈、肩、背、腰依次触垫前滚。当滚到背腰时双手迅速抱腿，上体紧跟大腿成蹲立。

③"鱼跃"前滚翻

半蹲姿势开始，重心前移，双臂前摆，同时双脚蹬地，使身体向前上方跃起。腾空后，保持含胸稍屈髋的弧形姿势，接着双手撑地，双臂有控制地弯曲，低头含胸前滚起立。

④鱼跃前滚翻直腿起

助跑，单起双落向前上方跳起，髋角应保持在135°左右。双手撑地，有控制地屈臂低头含胸前滚。当滚至腰臀部位时，上体猛向前压，同时双手在大腿外侧用力向后撑地成屈体站立。

⑤挺身鱼跃前滚翻

助跳要有速度，起跳要有力。躺起后要积极后摆腿，同时挺胸抬头，身体充分展开。手撑地时，双臂有控制地弯曲，接着低头含胸，团身前滚起立。

⑥经手倒立前滚翻

由手倒立开始前倒，当感觉失掉平衡后，迅速屈臂低头含胸前滚翻。滚至背部时，立即团身抱腿起立。

⑦后滚翻

蹲立，重心后移，团紧身体并保持一定速度后滚。当滚到肩、颈部，身体重心超过垂直部位时，双手在肩上用力推垫，使身体翻转，双脚落地成蹲撑。

⑧屈体后滚翻

直立，上体前屈，重心后移，双手后伸在腿外侧撑地。接着臀部后坐，上体后倒，举腿翻臀，屈体后滚，双手置于肩上。当滚到肩部时，双手在肩上用力撑垫使身体翻转，经屈体立撑起立。

⑨后滚翻经手倒立成屈体立撑

并腿坐上体后倒，举腿后滚，双手在肩上撑垫，眼看脚尖。当滚至脚尖接近与头成垂直时，迅速向上伸腿展髋，同时用力推手，顶肩，紧身，抬头经手倒立。接着屈体下落，双臂控制使肩稍前收腹落下成屈体立撑。

(2) 手翻

①侧手翻

预备姿势是侧向站立，臂侧举，左腿侧举，头左转。上体左侧倒，左脚落地（脚尖向左），右腿侧摆。左手撑地，左腿随之蹬地摆起。右手撑地，经分腿倒立（这时应顶肩，立腰，展髋，分腿）继续翻转。推开左手，右脚落地（脚尖向右），身体侧起成开立。

②头手翻

直立、上体快速前屈（稍屈膝），双手向前撑地，接着双脚离地，双臂弯曲，用头的前额上方在双手之间稍偏前的位置顶地。经短暂的屈体头手倒立过程，当身体重心超过支撑垂面上方后，双腿猛力向前上方蹬伸，充分展髋。同时，双手用力推地，挺胸抬头，使身体向前上方腾起。落地时脚前掌先落地，然后全脚掌落地，双臂上举。

③前手翻

趋步，右脚向前踏地，上体前压，左腿后摆双臂向前撑地，接着右腿蹬地后摆。接近倒立时，快速顶肩推手，使身体向前上方腾起。腾空时要挺身、抬头、紧腰，双腿并拢，前脚掌先着地，双臂上举。

④后手翻

双臂前举站立开始，稍屈膝屈髋后坐，双臂自然后摆。重心后移，当身体向后失去平衡时，双臂迅速经前向上后甩，稍蹬地，抬头，"挑"腰，身体充分后屈。经低腾空，向后翻转接着双手撑地，利用反弓手倒立的反弹力顶肩推手，收腹提腰，脚落地成直立。

2. 单杠

（1）支撑后摆下

①动作要领

由支撑开始，双腿先向前预摆。肩部稍前倾，接着双腿向后上方摆腿，双臂伸直支撑。当后摆到极点要下落时，稍含胸制动，双腿顶肩推手，挺身落下。

②练习方法

A. 低杠支撑后摆下，手不离杠。

B. 支撑后摆。

C. 在保护下完成。

③保护与帮助

保护者站在杠后侧方，一手托练习者的腹部，另一只手托其腿部帮助后摆，然后扶身体落地。

（2）骑撑前回环

①动作要领

由右腿骑撑双手反握开始，双臂伸直撑杠，身体重心前移前提臀，右腿上举向前迈出。以左腿大腿前部压杠为轴，上体前倒靠近右大腿，当转270°时，右腿压杠，展髋，左腿继续后摆，双臂伸直压杠，翻腕立腰分腿成骑撑。

②练习方法

A. 帮助者站在练习者前抱其右腿做迈步提臀前倒上体。

B. 在杠前设立标志物练习前回环。

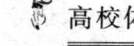

③保护与帮助

保护者站在杠后，一手杠下扶练习者的手腕，另一只手扶其大腿后部使其固定转轴，在转过270°后托后背帮其成骑撑。

（3）支撑后回环

①动作要领

支撑开始，双腿向前预摆，肩部稍前倾，接着双腿后摆，双臂伸直撑杠，然后身体下落腹部贴杠面后，上体迅速后倒，双腿前摆，以腹部为轴，稍屈髋，双臂压杠回环，当转过杠的垂面后，制动双腿，抬上体挺胸，展髋，翻腕立腰成支撑。

②练习方法

A. 支撑后摆贴腹。

B. 保护帮助下支撑后倒腹回环。

C. 在保护帮助下完成。

③保护与帮助

保护者站在杠前，一手杠上扶练习者的肩，另一只手杠下扶其大腿，帮助其后摆前移肩，当回摆贴腹后进行转动，扶其臀固定转轴。

（4）腹撑前腿摆越成骑撑

①动作要领

腹支撑开始，重心左移，左手直臂支撑，同时向上摆右腿，推右手离杠，右腿摆到最高点向杠前放右腿成骑撑，回原重心右手再握。

②练习方法

A. 原地模仿练习。

B. 在保护帮助下完成动作。

③保护与帮助

保护者站于杠后，一手托练习者的肩帮其移动重心，另一只手扶腿帮其侧上摆并前放。

3．双杠

（1）分腿骑坐前进

①动作要领

由支撑前摆开始，当前摆双腿过杠面时，立即向前上两侧分腿，分

第六章 高校体育教学基础运动训练指导

腿落于两杠面成骑坐，推手重心前上移，用两大腿内侧压杠挺身上立。过支点后上体前倒，双手向远处撑杠，同时双腿伸直，用大腿压杠反弹，后摆并腿，支撑自然前摆。

②练习方法

A．练习支撑摆动前摆分腿坐。

B．在帮助下双手压杠反弹并腿支撑摆动。

③保护与帮助

保护者站于杠侧，一手扶练习者的肩部（杠上），一手杠下托其腹部。

（2）支撑前摆向左直角下

①动作要领

支撑前摆开始，当身体过杠面推右手向左推并移重心向左，当腿摆到极点制动，双手握左侧单杠，左手侧平举，右手单臂支撑，挺身跳下。

②练习方法

A．右腿体前蹬单杠，推右手向外移身体跳下。

B．双手握左杠，双腿蹬两杠跳下。

C．在保护与帮助下完成。

③保护与帮助

保护者立于练习者左侧，当练习者摆腿过杠面后，一手拉其左肩外移，另一只手托其臀部。

（3）挂臂前摆上

①动作要领

由摆臂开始，前摆到杠垂面稍沉肩加速兜腿，身体摆到杠面突然制动，压臂跟肩支撑，身体继续上摆，肩充分顶开。

②练习方法

A．体会前摆制动。

B．分腿仰卧于双杠，练习压臂跟肩。

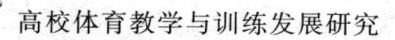

C. 在保护与帮助下完成后摆动作。

③保护与帮助

保护者站在练习者侧面,一只手握其上臂,另一只手在杠下托送髋部。

第三节　游泳运动训练指导

一、游泳运动的基本概况

游泳运动是作为一种生存技能产生和发展起来的。游泳是人在水里凭借肢体的动作同水相互作用而进行的活动技能。现代游泳运动可分为竞技游泳、实用游泳和大众游泳。竞技游泳是指具有特定的技术规格,按游泳竞赛规则进行比赛的游泳运动项目。正式的游泳竞赛项目有自由泳、仰泳、蛙泳、蝶泳、个人混合泳和接力六类。实用游泳是指直接为生活、生产或军事服务的游泳技术。大众游泳是指以游泳作为基本手段,以增进身体健康、丰富业余生活为直接目的的各种游泳活动。

游泳运动是一项良好的健身运动项目,长期坚持游泳,能增强心肌功能,加快血液循环,给身体各部分提供足够的氧气和营养。游泳还能提高人体对疾病的抵抗力,完善人体免疫系统。此外,游泳运动还能帮助健身者塑造良好的形体。

二、游泳运动技术教学指导

(一)蛙泳技术教学

1. 身体姿势

蛙泳的身体姿势不是固定不变的,而是随着臂、腿及呼吸动作的周期性变化而不断变化的。在一个动作周期中,双臂前伸、双腿向后蹬直并拢时,身体几乎水平地俯卧于水中,头部夹在双臂之间,双眼注视前下方,腹部与大、小腿位于同一水平面上,臀部接近水面,身体纵轴与水平面约成 5°～10°角。这种身体姿势可以减小游进时的水阻力。要做到这一点，要求胸部自然伸展，稍收腹，微塌腰，双腿并拢，脚尖伸直，双臂并拢尽量前伸，全身拉伸成一直线。

在游进过程中，身体会按一定的节奏上下起伏。在划水和抬头吸气时，上体会向前上方抬起，肩和背部的一部分上升露出水面，此时躯干与水面的角度较大。当双臂前伸、双腿向后蹬夹时，随着低头的动作，肩部又浸入水中，身体恢复比较平直的流线型姿势向前滑行。

对于初学蛙泳者，不宜过分追求在划水和吸气时拉高身体的动作。因为抬头过高或过分挺胸，会造成下肢下沉，迎角增大，使身体在前进方向上的投影截面增大，从而增大游进时的阻力。

2. 腿部技术

蛙泳的腿部动作是保持身体平衡、推动身体前进的一个重要因素。尽管现代蛙泳技术强调以臂为主，但腿部动作的作用不容忽视。对于初学者来说，掌握好腿部技术很重要。蛙泳腿部技术可以分为收腿、翻脚、蹬夹、滑行四个紧密相连的动作环节。

(1) 收腿

收腿是翻脚、蹬夹的准备动作，是从身体伸直成流线型向前滑行的姿势开始的。收腿时，腿部肌肉略微放松，大腿自然下沉，双膝开始弯曲并逐渐分开，小腿和脚跟在大腿后面向前运动。收腿时，踝关节放松，脚底基本朝上，脚跟向上、向前移动，向臀部靠拢，双腿边收边分开。两小腿和双脚在前收的过程中要落在大腿的投影截面内，以避开迎面水流，减小收腿的阻力。收腿动作应柔和，不宜太用力。在收腿的过程中臀部略下降。收腿结束时，双膝内侧的距离约同肩宽；大腿与躯干成130°～140°角，大、小腿折叠紧，小腿与水面垂直，为翻脚和蹬夹做好准备。

(2) 翻脚

翻脚动作的目的在于使腿在蹬夹时有一个良好的对水面，是收腿的结束动作和蹬腿的开始动作。在蛙泳技术中，翻脚动作很重要，翻脚直接影响到蹬夹的效果。

当收腿使脚跟接近臀部时，大腿内旋，双膝稍内扣，小腿向外张开，双脚背屈使脚掌勾紧向外翻开，脚尖转向两侧，使小腿和脚的内侧面向后，形成良好的对水面，为蹬夹动作做好准备。翻脚实际上是收腿的结束动作和蹬夹的开始动作。在收腿接近完成时就开始翻脚，翻脚快完成时就开始蹬夹，在蹬夹的开始阶段继续完成翻脚。收、翻、蹬夹三个动作紧紧相连，一环扣一环，形成一个连贯圆滑的鞭状动作。

（3）蹬夹

蹬夹动作是推动身体前进的重要动力来源。蹬夹动作的推进效果主要取决于蹬夹时腿的运动方向、对水面的大小及运动速度。

蹬夹动作在翻脚即将完成时就已开始。由于翻脚动作的惯性，脚在后蹬的开始阶段是继续向外运动，完成充分的翻脚。随后，由腰腹和大腿同时发力，依次伸展下肢各关节，双脚转为向后向内运动并稍下压，直至双腿蹬直并拢，完成弧形的鞭状蹬夹。蹬夹动作是"蹬"与"夹"的结合，双腿是边后蹬边内夹，当双腿蹬直时双膝也已并拢了。既不是完全向后蹬，也不是向外蹬直了再内夹并腿。

蹬夹时，下肢各关节的伸展顺序是保持最大对水面积的决定因素。正确的顺序是：先伸髋关节，后伸膝关节，最后伸踝关节，直至双腿伸直并拢。蹬夹开始时，主要是大腿向后运动，膝关节不宜过早伸展，以使小腿尽量保持垂直对水的有利姿势，避免出现小腿向下打水的错误。在蹬夹过程中，脚应保持勾脚外翻姿势；在蹬夹将近结束时，脚掌才内旋伸直，完成最后的鞭水动作。如果先伸踝关节，则会破坏翻脚所形成的良好对水面，形成用脚尖蹬水的错误。

在蹬夹过程中，脚相对于静止的水的运动轨迹是一条复杂的三维曲线，既有向后的运动，又有向外、向内、向下的运动，水对腿部动作的反作用力，由蹬腿升力和蹬腿阻力构成。在蹬夹过程中，蹬腿升力起着重要的推进作用。但由于小腿和脚的内侧面是向后对水，且相对于自身来说腿部向后运动的幅度较大，故蹬腿阻力对推进力的贡献更大些。这就要求大腿内收肌群在蹬夹过程中积极工作，限制腿脚过分的外张，以保证蹬夹方向主要向后。

升力和阻力都与速度的平方成正比，蹬夹动作的速度越快，产生的推进力就越大。因此，蹬夹时要充分发挥腿部肌肉的力量，逐渐加速。蹬夹开始时，动作应比较柔和，而最后伸直小腿和脚掌的动作则要快速有力。

(4) 滑行

蹬夹结束后，腿处于较低的位置，脚距离水面约为 30～40 厘米。此时双腿伸直并拢，腰、腹、臀及腿部的肌肉保持适度紧张，使身体成流线型向前滑行，准备开始下一个腿部动作周期。滑行中，要注意保持双腿较高的位置，减少滑行时的阻力。

3. 臂部技术

蛙泳的手臂动作是推动身体前进的重要因素。游蛙泳时，整个手臂动作都是在水下完成的。对于游泳者自身来说，手的划水路线近似两个相对的"桃心"，即双手从"桃心"的尖顶开始，不停顿地划动一周回到尖顶。为便于分析，把蛙泳的一个划水动作分为外划、下划、内划、前伸四个紧密相连的动作阶段。

(1) 外划

外划是从双臂前伸并拢、掌心向下的滑行姿势开始的。外划时双臂内旋，双手掌心转向外斜下方，略屈腕，双臂向外横向划动至双手间距离约为两倍肩宽处。外划的动作速度较慢。

(2) 下划

手臂在继续外划的同时，前臂稍外旋，肘关节开始弯曲，转腕使掌心转为朝后下方，以肘关节为轴，手和前臂加速向下、向后划动。在下划的过程中，手和前臂的运动速度快、幅度大，而上臂的移动不多，前臂与上臂之间的夹角迅速缩小。下划结束时，肘关节明显高于手和前臂，手和前臂接近垂直于游进方向，肘关节约屈成 130°。

(3) 内划

内划是手臂划水产生推进力的主要阶段。随着下划的结束，掌心迅速转向内后方，手臂加速由外向内并稍向后横向划动，屈肘程度进一步加大，肘关节也同时向下、向后、向内收夹至胸部侧下方，双手划至胸前时几乎靠在一起。

（4）前伸

当内划接近完成时，双手在继续向内、向上划动的过程中逐渐转为向上、向前弧形运动至颔下。此时双手靠拢，两掌心逐渐转向下，手指朝前。接着，肘关节不停顿地沿平滑的弧线前移，推动双手贴近水面向前伸出。与此同时迅速低头，将头夹于双臂之间。伸臂动作完成时，双臂伸直并拢，充分伸肩，双手掌心向下，成良好的流线型向前滑行。

游蛙泳时，手相对于静止的水的运动轨迹实际上是一条复杂的三维曲线。手在划水时并没有大幅度的向后的运动，主要表现为明显的横向和上下方向的运动，就好像是手握着一个固定的把手将身体拉引向前。

划水阻力朝内，双臂上的划水阻力互相抵消。但由于屈腕动作，手掌平面与划动方向约成40°的迎角，所产生的划水升力起着推动身体前进的作用。手臂向下、向后的划动不仅为强有力的内划做好了准备，还可以产生升力、阻力并重的推进力推动身体前进。内划阶段手臂的对水面大，手掌平面与手的划动方向成30°～40°的迎角，水的反作用力以划水升力为主。此时胸背部和肩带的肌群亦处于收缩发力的最有利部位，双臂的向内划动可以有很大的加速度。所以内划阶段是蛙泳手臂划水产生推进力推动身体前进的主要阶段。

蛙泳臂划水动作的各个阶段是紧密地连接在一起的，整个动作要连贯圆滑，由慢到快，加速进行。初学者尤其应注意在内划结束转前伸时，手臂不能停顿。

4．完整配合技术

蛙泳是臂、腿交替做动作推动身体前进的，其配合技术比较复杂，是学习蛙泳的一个难点。配合不协调，会直接影响臂、腿的动作效果和游进速度的均匀性。正常蛙泳一般是采用1∶1∶1的配合技术，即在一个完整动作周期中，蹬夹一次，划臂一次，呼吸一次。配合游时应在充分发挥臂、腿力量的基础上，努力做到协调、连贯、有节奏，尽量保持

第六章 高校体育教学基础运动训练指导

匀速前进。

(1) 臂与腿的配合

蛙泳臂和腿的配合是一种交替进行且稍有重叠的技术。双臂外划和下划时，双腿保持稍紧张的伸直姿势；双臂内划时，双腿放松，双膝下沉，开始收腿；双臂开始前伸时，迅速完成收腿并做好翻脚动作；双臂接近伸直时，开始向后快速蹬夹；蹬夹结束后，全身伸直成良好的流线型向前滑行。

对于初学者来说，注重蹬夹后的滑行具有十分重要的作用。只有在带滑行的从容游进中，才能掌握配合技术的要领，形成正确的动作节奏。初学者可以经常做长滑行计动作次数的游进练习来检验自己臂、腿动作的效果。

(2) 呼吸与臂的配合

蛙泳的呼吸是和手臂的划水动作紧紧结合在一起的，主要有早吸气和晚吸气两种类型。

①早吸气配合技术

双臂开始外划时，颈后肌收缩，开始向上抬头，下颌前伸，使口露出水面将气吐尽；在双臂下划和内划的过程中吸气；双臂前伸时低头闭气；滑行时在水中呼气。这种呼吸方式利用了划水开始阶段手臂向外、向下划动所产生的向上的反作用力，使头部比较容易抬出水面，整个呼和吸气的时间较长，动作比较从容。早吸气配合技术比较适合初学者。

②晚吸气配合技术

晚吸气配合技术没有明显的抬头和前伸下颌的动作。在双臂外划和下划时，身体仍保持较平直的流线型姿势；在双臂内划的过程中，随着头、肩的上升，口露出水面将气吐尽；内划结束，头、肩向前上方升至最高位置时快速吸气；双臂前伸时迅速低头闭气；滑行时向水中呼气。这种呼吸方式有利于减小水的阻力，同时有利于更好地发挥手臂划水的力量，动作紧凑连贯，前进速度均匀。运动水平较高者一般都采用晚吸气配合技术。但晚吸气配合技术的吸气时间较短，初学者不容易掌握。

(二) 爬泳技术教学

爬泳又叫自由泳，即自由的、不受姿势限制的游泳，是四种竞技游泳中速度最快的一种泳姿。按规则要求，自由泳比赛中，可采用任何一种姿势游进。爬泳时，身体俯卧在水中，身体几乎与水面平行，有较好的流线型；双腿不停地做上下打水动作，双臂依次轮流向后划水，推进力均匀，动作结构简单，效果好；动作配合协调，既省力又能发挥最大的速度。因此，爬泳是学生在自由泳比赛中经常采用的运动形式。

1. 身体姿势

爬泳运动中，学生的身体应平直地俯卧在水中，身体的纵轴与水平面保持3°～5°角。头微微抬起，这种平直的姿势能缩小前进时的截面，有助于减少阻力，颈部自然后屈与水平面成20°～30°角，双眼注视前下方。双臂轮换前伸向后划水，双腿上下交替打水。在游进中身体可以有节奏地转动，这种转动一般为35°～45°角。

技术要点：游进过程中身体保持平直，既不要收腹提臀，也不要挺胸塌腰。

2. 腿部动作

爬泳时，腿的动作主要起维持身体平衡的作用，使下肢抬高，保持身体流线型，以及协调双臂有力的划水动作，并能起一定的推进作用。向下打腿时，腿自然伸直，由髋关节发力，大腿带动小腿。打水时，一般双腿间差距为30～45厘米。向下打水时，动作要快而有力，向上提腿时应放松一些。在向下打水时，由于惯性的作用，小腿和脚仍继续向上移动，而使膝关节有些弯曲，弯曲程度一般为140°～160°角。打水时脚尖自然伸直，向下打水时双腿应自然向里转一些。

技术要点：学生在爬泳的打腿过程中，应以髋为轴，在向上直腿和向下屈腿时，大腿一直都处于领先，连续不断地做鞭状打水动作，即向上动作快要结束时就开始向下打水，向下打水快要结束时又开始向上打水，大腿领先，与膝关节和踝关节不停顿地形成时间差。向下打水要用较大的力量和较快的速度来完成，以便产生较大的推进力和浮力。

3. 臂部动作

爬泳的手臂动作可分为入水、抱水、划水、出水和空中移臂五个不可分割的部分，它们共同组成了一个完整的动作，彼此之间并没有明显的界限。

（1）入水动作

学生在完成空中移臂后，手应向前，自然放松地入水，臂入水时，肘关节略屈并高于手，手指自然伸直并拢，约与水面成45°角，拇指领先斜插入水，动作要自然放松，按照手—前臂—上臂的顺序入水。

技术要点：注意臂的入水点应在肩的延长线上或在身体中线和肩的延长线之间。

（2）抱水动作

学生的臂入水后，手掌从向斜外下方转向斜内后方，屈腕、屈肘，并保持高抬肘姿势。抱水时，上臂和水平面约为30°角，前臂与水平面约为60°角，手掌接近垂直对水，肘关节屈成约150°角，整个手臂像抱着一个球。

技术要点：抱水过程中，手肘高抬，手掌与对面垂直。

（3）划水动作

划水是指手臂与水平面成45°角起，向后划至与水面成15°～20°角止的这一过程。划水是获得推动力的主要阶段，这个阶段又分为两部分，从整个臂部划至肩下方与水平面垂直之前称"拉水"，过垂直面后称为"推水"。拉水时前臂的速度快于上臂，继续屈肘，当臂划至肩下方时，手在体下靠近身体中线，屈肘为90°～120°角。整个拉水过程应保持高肘姿势，使手和前臂能更好地向后划水。在推水过程中，为了使手掌始终与水平面垂直，推水时要逐渐放松腕关节，使手伸展开与前臂构成一个200°～220°的角。向后推水是通过屈臂到伸臂来完成的，为了使前臂、手掌能以最大面积对水，在推水中肘关节要向上，向体侧靠近。

技术要点：整个划水动作过程中，即从拉水到推水的过程中应保持动作连贯、快速，中间没有停顿。整个划水动作，手的轨迹是向下—向后一向上，划水路线呈"S"形。

（4）出水动作

划水结束后，借助推水后的速度惯性，利用肩三角肌、肩带肌的收缩及身体沿纵轴的转动，将肘部向上方提起，并迅速将臂部提出水面。

技术要点：出水时，放松臂部和手腕。

（5）空中移臂动作

臂出水后，在肩的转动下，带动整个手臂向前移动，移臂时仍保持高肘屈臂的姿势。整个移臂的前半部分肘关节领先，前臂和手的动作较慢，移臂完成一半时，手和前臂赶上肘部，并逐渐向前伸出，掌心也从后上方转向前下方，做好入水准备动作。

技术要点：移臂是出水的继续，两个动作应保持连贯，不能停顿，移臂时动作应放松自如，尽量不破坏身体的流线型；移动的手臂应和另一臂的划水动作协调一致。

4．完整配合技术

（1）双臂配合

爬泳双臂协调配合是前进速度均匀性的重要条件。双臂配合，通常有前交叉、中交叉和后交叉三种方法。前交叉是指一臂入水时，另一臂处在滑下阶段。中交叉是指一臂入水时，另一臂已经进入划水阶段的中间部分。后交叉是指一臂入水时，另一臂已经进入划水阶段的后半部分。中交叉和后交叉有利于发挥双臂力量和提高动作频率，加快速度，保持连续的推进力。

技术要点：上述三种配合形式都有其各自的特点，初学者应采用前交叉，以便其掌握正确的爬泳动作和呼吸方法。

（2）呼吸与臂部动作的配合

爬泳运动中，学生的呼吸是利用头向左侧或右侧的转动，用嘴进行呼吸。以向右呼吸为例：右手入水以后，嘴和鼻开始慢慢地呼气；右臂划至肩下向右侧转头，呼气量开始增加；当右臂划水即将结束，呼气量进一步加大；右臂出水时，马上张嘴吸气；移臂到一半时，吸气结束，闭气，继续转头和移臂，脸部转向前下方。头部姿势稳定时，右臂又入水开始下一次呼吸。如此反复循环进行呼吸。

技术要点：如果学生对呼吸与臂的配合技术尚未熟练，可以多划几次臂吸一次气；具有一定水平的学生则可以视游距长短和训练水平而定，长距离多为两划一吸或三划一吸，短距离可多划几次臂吸一次气。

5. 呼吸和完整动作的配合

完整的配合技术是游泳学生匀速地、不间断地向前游进的保证。爬泳腿、臂、呼吸的配合动作，一般采用双臂各划水一次、呼吸一次和打腿六次的配合方法。为了充分发挥手臂作用，提高游进速度，也有采用双臂各划水一次、呼吸一次和打腿四次的配合方法。

技术要点：在配合中，呼吸和腿的动作都应该满足手臂动作的需要。初学者应首先抓好臂腿配合，再加呼吸配合，不宜过早强调呼吸。

（三）仰泳技术教学

仰泳又被称为"背泳"，是人体仰卧在水中进行游泳的一种姿势，同爬泳一样属于交替性动作。人们在蛙泳或踩水的过程中，发现只要将身体仰卧过来，臂腿稍微做动作就可以游动，脸部还能露出水面，最后发展为双腿上下交替踢水，双臂在体侧轮流向后划水的爬式仰泳技术。仰泳的最大优点就是游泳者的脸一直露在水面上，不存在呼吸和换气的问题，并且动作非常容易掌握，因此多数人都很喜欢这种游泳的姿势。但在游泳方向的掌握上需要花费较多的时间和精力去学习。

1. 身体姿势

学生在仰泳过程中身体要自然伸展，接近水平地仰卧于水面，头和肩部略高于臀，水齐耳际，脸部露在水面上，身体尽可能处于高的位置，腹部和双腿大约在水面下5~10厘米，游进时身体应随划水和打腿动作绕纵轴自然且有节奏地转动，转动的角度在45°左右。

技术要点：首先，头部应尽量保持不动。在仰泳进行时，头起到了

"舵"的作用，并且它还可以控制身体左右转动。头应保持相对稳定，不要上下、左右晃动，但颈部肌肉不要过分紧张，后脑处在水中，水位在耳际附近，双眼看腿部的上方。其次，腰部肌肉要保持适度的紧张，以不使身体过分平直和屈髋成坐卧姿势为前提。肋上提，不要含胸。快速游进时，身体的迎角能使体位升高，一些水平较高的学生不仅可以使肩和胸部露出水面，还可以使腹部也经常露出水面。最后，身体的纵轴应随着双臂划水动作而自然滚动，滚动的角度根据个人的情况不同而稍有差别，肩关节灵活性较差的人滚动小，肩关节灵活性较好的人滚动大。

2. 腿部技术

良好的腿部动作是使学生在仰泳过程中保持身体处于较好角度、水平姿势的重要因素之一，正确的踢水动作不但可以控制身体的摆动，还能产生一定的推进力。仰泳运动中腿部动作可以分为以下两个部分。

（1）下压阶段

仰泳的腿部动作中的下压动作即直腿下压。腿向下压的动作是借助臀部肌群的收缩来完成的。在整个腿下压动作中，前2/3由于水的阻力，使膝关节充分展开，腿部肌肉放松。当大腿下压到一定程度时，由于腹肌和腰肌的控制，停止向下并过渡到向上移动，由于惯性的作用，小腿仍然继续向下，造成膝关节弯曲，所以在腿下压的后1/3是屈腿的。随着惯性的逐渐减弱和大腿的带动，小腿也开始向上移动，但此时脚仍然继续向下，直到惯性消失，大腿、小腿和脚一次结束向下的动作，构成向下"鞭打"的动作。

（2）上踢阶段

仰泳的腿部动作中的上踢动作即屈腿上踢，腿的上踢动作需要用较大的力量和速度来进行，并且逐渐加大到最大力量和速度。当大腿向上移动超过水平面时就结束向上的动作，此时膝关节接近水面。随后小腿和脚也依次结束向上，使膝关节充分伸展，构成向上"鞭打"的动作。

技术要点：首先，由于下压的动作不产生推进力，因此相对的要求速度不要太快，腿部各关节自然放松。当下压动作结束时，由于水对小腿的阻力和大腿肌肉的牵制,大腿与小腿成 135°~140°角,小腿与水平面成 40°~45°角,此时大小腿弯曲到最大程度,小腿和脚对水的面积较大。其次,上踢动作是以大腿带动小腿、小腿带动脚来完成的,并且在任何情况下,尽量不要使膝关节或脚尖露出水面。上踢时,脚尖应内旋以加大对水面积。

3. 臂部技术

和爬泳的摆臂一样,仰泳臂的划水动作也是由入水、抱水、划水、出水和空中移臂五部分组成,双臂的屈臂划水也是相互交替地进行。不同的是,仰泳划臂在人的体侧进行,如同划船时交替划水的桨。

(1) 入水动作

入水时,手臂伸直,掌心朝外,小拇指领先入水,手稍内收,与小臂成 150°~160°角。入水点一般在肩的延长线与身体纵轴之间。

技术要点:臂入水的同时应展胸伸肩。

(2) 抱水动作

抱水动作是为接下来的推水动作创造有利条件的。手臂入水后,要利用移臂时所产生的动量积极下滑到一定的深度,手掌向下,向侧移动,通过伸肩、屈肘、上臂内旋和屈腕的动作,配合身体的滚动,使手掌和前臂对准水并有压力的感觉。

技术要点:完成抱水动作的即刻,肘部微屈成 150°~160°角,手掌距水面 30~40 厘米,肩保持较高的位置,以便为接下来的推水动作做好准备。

4. 划水动作

划水动作是推动身体前进的主要动力。划水动作包含拉水和推水两个阶段。

拉水阶段:在臂前伸抱水的基础上进行的。开始时前臂内旋,手掌上移,肘部下降,使屈肘程度加大,手掌和水必须保持与前进方向垂直。当手掌划至肩侧时,屈臂程度最大,为 70°~110°角,手掌接近水面。

推水阶段:在手臂划过肩侧时开始的,这时肘关节和大臂应逐渐向身体靠近，同时用力向脚的方向推水。当推水即将结束时，小臂内旋做加速转腕下压的动作，掌心由向后转向向下。推水结束时，手臂要伸直，手掌在大腿侧下方，借助手掌压水的反弹力迅速提臂出水。

技术要点：整个划水动作是由屈臂抱水开始，以肩为中心，划至大腿外侧下方为止。

5．出水动作

仰泳出水动作的手形有很多种，常见的主要有三种：手背先出水、大拇指先出水和小拇指先出水。这三种手形各有利弊，相对来说最后一种较好。

技术要点：无论采用哪种手形出水，都要注意使手臂自然、放松和迅速，并且要先压水后提肩，肩部露出水面后，由肩带动大臂、小臂和手依次出水。

6．空中移臂动作

提臂出水后，手应迅速从大腿外侧垂直于水面移至肩前。当手臂移至肩上方时，手掌内旋，使掌心向外翻转。

技术要点：空中移臂时，臂伸直放松。移臂的后阶段要注意肩关节充分伸展，为入水和划水做好准备。

7．完整配合技术

（1）双臂配合

仰泳双臂的配合是"连接式"的，即当一臂划水结束时，另一臂已入水并开始划水；一臂处于划水的一半，另一臂正处于移臂的一半。

技术要点：在整个臂的动作过程中，双臂应几乎处在完全相反的位置。

（2）臂和呼吸的配合

仰泳的呼吸比较简单，一般是两次划水一次呼吸，即一臂移臂时开始吸气，然后做短暂的憋气，当另一臂移臂时进行呼气。在高速游进时也可以一次划水一次呼吸，但是呼吸不能过于频繁，否则会使得呼吸不充分，造成动作紊乱。

技术要点：呼吸要有节奏，使肺部呼吸正常，不易产生疲劳。

(3) 臂、腿配合

臂、腿配合是否合理，影响到整个动作是否平衡和协调自然。现代仰泳技术中一般都采用六次打腿两次划水的配合技术，也有少数人采用四次打腿的技术。

技术要点：臂划水的同时，避免腿的上踢、下压动作而导致的身体过分转动，以保持身体的平衡性和协调性。

(四) 蝶泳技术教学

由于蝶泳运动是从蛙泳运动逐渐演变而来的一种游泳姿势，最初腿部动作模仿蛙泳的蹬夹水，双臂对称由前往后划出水面经空中前摆，动作近似蝴蝶飞行，故称蝶泳。由于它腿部的游泳动作酷似海豚，所以又称为"海豚泳"。蝶泳技术是所有游泳姿势中最复杂的，对游泳者的身体素质要求较高。

1. 身体姿势

蝶泳时，头和躯干不断地在水平面上下移动，这种身体的上下起伏是自然形成的。但身体姿势力求稳定，身体有节奏地起伏，为臂和腿部动作提供有利的条件。

2. 躯干和腿的动作

蝶泳打腿是由腰部发力，大腿带动小腿做有节奏的上下鞭状打腿动作，整个动作是和躯干联系在一起的。打水时双腿自然并拢，当双腿向下打腿结束后，双脚向下达到最低点，膝关节伸直，臀部上升至水面；然后双腿伸直向上移动，髋关节逐渐展开，臀部下沉；当双脚继续向上时，大腿开始下压，膝关节随大腿下压而自然弯曲，大腿继续加速向下；随着屈膝程度的增加，脚向上抬到最高点，臀部下降到最低点，准备向下打水；脚向下打水时，脚背要保持正对水面，踝关节必须放松伸直；当小腿随着大腿加速下压时，大腿又开始向上移动，等膝关节完全伸直时，向下打水即告结束。

3. 手臂动作

蝶泳手臂动作是双臂同时对称进行的，包括入水、抱水、划水、出水和空中移臂五个部分。

(1) 入水

双臂经空中移臂后在肩前插入水中，入水时双手距离略与肩同宽，掌心向两侧，手指向下，手、前臂、上臂依次入水。

(2) 抱水

手臂入水后，手和前臂向外旋转，手臂同时向外、向后和向下运动，手臂有支撑住水的感觉，像是用手去抱一个大圆球。同时开始屈肘、屈腕，为下个阶段的划水做好准备。

(3) 划水

在臂进入划水阶段后，前臂和手掌是划水的主要对水面。屈肘，使肘部保持较高的位置。前臂外旋动作和逐步加大屈臂的动作是同时进行的，当双臂划至肩下方时，前臂与上臂成 90°～100°角。当双手划至腹下时，双手距离最近（几乎碰到一起），然后转入推水动作。

(4) 出水

随着臂推水的结束，手臂充分推直，然后借助惯性提肘，迅速将双臂和手提出水面。

双臂提出水面后，即沿身体两侧低平的抛物线向外、向前抢摆。双臂在向外、向前抢摆的过程中自然伸直，并始终保持拇指朝下的姿势。当摆过肩的横切面时，双臂向内、向前移动。此时肘关节微屈并稍高于手，掌心转为朝外斜下方，准备入水。

4. 呼吸与臂、腿的配合技术

(1) 臂与呼吸的配合

蝶泳的呼吸借助于双臂划水的后部推水动作，同时需后部肌肉大幅度伸展，使头抬至口露出水面的位置，此时吸气的速度要快，头必须在臂入水前回到原来的位置，慢呼气或者稍憋气后呼气。

蝶泳的呼吸一般是一次划水一次呼吸，但是为了加快游进的速度，也可采用两次以上的划水动作之后，再做一次呼吸的技术。

(2) 完整配合技术

蝶泳臂、腿、呼吸的配合比例一般为 1∶2∶1，即一次手臂动作，两次腿的动作，呼吸一次。在某些情况下，也有做 N 次（N＞1）臂、腿配合再呼吸一次的技术。两次打腿的力量一般是第一次轻，第二次重。

完整的配合技术是双臂入水时做第一次向下打腿，臂抱水时腿向上，当双臂划至腹部下方时，开始做第二次向下打水的动作，并且抬头吸气。推水结束时打腿也结束。移臂时腿又向上准备做下一周期的打腿动作；移臂的前部，头部还处于水面，移臂过身体的横轴时低头。

第四节　健美操运动训练指导

一、健美操运动的基本概况

健美操是有氧运动的一种。健美操是一项融体操、舞蹈、音乐、美学于一体的运动，通过徒手、持轻器械和使用专门器械的练习达到健身、健美和健心的目的，不受年龄、性别、场地的限制，是一项内容丰富、简单易学、变化繁多的新型体育项目。健美操是一项持续一定时间的、中低强度的全身性运动，主要影响练习者的心肺功能。

随着人民生活水平的不断提高，健美操所特有的保健、医疗、健身、健美、娱乐的实用价值受到越来越多的人的重视，吸引了不同年龄的爱好者参与，形成了一定规模的消费群体。各级电视台纷纷制作以健美操为内容的专题节目，收视率较高。

近年来，随着全球健身热的兴起和娱乐、休闲体育的发展，健美操以其自身固有的价值和魅力，深受广大群众的喜爱。

二、健美操运动技术教学指导

（一）健美操基本动作教学

1. 健美操的手型

（1）合掌

五指并拢伸直。

（2）西班牙舞手势

五指用力，小指、无名指、中指自掌指关节处依次弯曲，拇指稍内扣。

（3）分掌

五指用力分开，手腕保持一定的紧张程度。

（4）芭蕾手势

五指略微弯曲，后三指并拢，稍内收，拇指内扣。

（5）拳

五指弯曲紧握，大拇指压在食指弯曲部位。

（6）一指式

握拳，食指伸直或拇指伸直。

（7）推掌

手掌用力上翘，五指自然弯曲。

（8）响指

拇指与中指摩擦与食指打响，无名指、小指弯曲至握。

2．头、颈部动作

（1）屈

动作描述：头部向前、后、左、右四个方向分别做颈部关节弯曲的运动。

注意要点：身体正直，做动作时应缓慢，充分伸展颈部肌肉。

动作变化：前屈、后屈、左侧屈、右侧屈。

（2）转

动作描述：头保持正直，然后头颈部沿身体垂直轴向左、右转动90°。

注意要点：下颌平稳地左右转动。

动作变化：左转、右转。

（3）环绕

动作描述：头保持正直，然后头颈部沿身体垂直轴向左或右转动 360°。

注意要点：转动时头部要匀速缓慢，不要过快。动作要到位，向后转时头要后仰。

动作变化：左或右环绕，两动作一致，方向相反。

3. 肩部动作

（1）提肩

动作描述：脚开立，身体保持正直，然后肩部沿身体垂直轴向上提起。

注意要点：尽可能向上提起，提肩时，身体不能摆动。

动作变化：单提肩、双提肩。

（2）沉肩

动作描述：脚开立，身体保持正直，然后肩部沿身体垂直轴向下沉落。

注意要点：尽可能向下沉落，沉肩时，身体不能摆动，头尽量往上伸展。

动作变化：双肩下沉。

（3）绕肩

动作描述：脚开立，身体保持正直，然后肩部沿身体前、后、上、下四个方向进行绕动。

注意要点：绕肩时，身体不要摆动，动作尽量大，要舒展开。

动作变化：单肩环绕、双肩环绕。

4. 上肢动作

（1）举

动作描述：以肩关节为中心，手臂进行活动。

注意要点：动作到位，有力度。

动作变化：前举、后举、侧举、侧上举、侧下举、上举。

（2）屈

动作描述：肘关节由弯曲到伸直或由伸直到弯曲的动作。

注意要点：关节做有弹性的屈伸。

动作变化：胸前平屈、肩侧屈、肩侧上屈、肩侧下屈、胸前上屈、头后屈。

5. 躯干动作

（1）胸部动作

①移胸

动作描述：移胸时，髋部位置固定，腰腹随胸部左右移动。

注意要点：移胸时，腰腹带动胸部移动，动作尽量大。

动作变化：左右移胸。

②含胸、挺胸

动作描述：含胸时，低头收腹，收肩，形成背弓，呼气；挺胸时，抬头挺胸，展肩，吸气。

注意要点：含胸时身体放松，但不松懈；挺胸时，身体紧张但不僵硬。

动作变化：手臂胸前平屈含胸，手臂侧平举展胸。

（2）腰部动作

①屈

动作描述：腰部向前或向侧做拉伸运动。

注意要点：充分伸展，运动速度不宜过快。

动作变化：前屈、后屈、侧屈。

②转

动作描述：腰部带动身体沿垂直轴左右转动。

注意要点：身体保持紧张，腰部灵活转动。

动作变化：迈步移动重心与转腰运动结合。

③绕和环绕

动作描述：腰部做弧线或圆周运动。

注意要点：路线清晰，动作圆滑。

动作变化：与手臂动作相结合进行腰部绕和环绕。

（3）髋部动作

①顶髋

动作描述：双腿开立，一腿支撑并伸直，另一腿屈膝内扣。

注意要点：动作用力且有节奏感。

动作变化：双手叉腰顶髋，左顶、右顶、后顶、前顶。

②提髋

动作描述：髋向上提。

注意要点：髋与腿部协调向上。

动作变化：左提、右提。

③绕和环绕

动作描述：髋做弧线或圆周运动。

注意要点：运动轨迹要圆滑。

动作变化：左、右方向做绕和环绕动作。

6. 下肢动作

（1）立

①直立、开立

动作描述：身体直立，再双腿打开，做开立动作。

注意要点：直立时身体要抬头挺胸；开立时，脚的间距约与肩相等。

动作变化：先直立，再伸出一条腿做点立或双腿提起做提踵立。

②侧点立、前点立、后点立、提踵立

动作描述：直立后，大步迈出一腿，做屈动作。

注意要点：步子迈出不能太小，当然也不能太大。

动作变化：前弓步、侧弓步、后弓步。

（2）踢

动作描述：双腿交换做踢腿动作。

注意要点：动作干净利落。

动作变化：前踢、侧踢、后踢。

（3）弹

动作描述：双腿进行弹动动作。

注意要点：动作要有弹性。

动作变化：正弹腿、侧弹腿。

（4）跳

动作描述：做各种姿势进行腿部练习。

注意要点：跳的时候要有力度和弹性。

动作变化：并腿跳、开并腿跳、踢腿跳。

（二）健美操组合动作教学

1. 髋部动作组合

髋部动作组合是由健美操的基本动作之一——髋部动作，配以健美操手臂的特色动作组合而成，主要是躯干和上肢运动，包括左右顶髋、臂屈伸及挥摆等。

动作特点：短小（共3×8拍），便于记忆，学习后有充分的时间反复练习。可通过变换方向重复练习。

音乐选择：旋律清晰、节奏感强的迪斯科音乐，速度为24拍/10秒。

动作要领：原地顶髋是健美操髋部动作中最基本的一种。开立后左（右）腿屈膝内扣，同时向右（左）顶髋，上体保持正直。

动作要求：髋部动作幅度大，节奏感强；上肢动作到位，有力度，与髋部动作配合协调。

2. 跳步动作组合

丰富多彩、富有弹性的跳跃动作是健美操的特色之一。这套跳跃动作组合共六个八拍，由健美操的几种主要跳步，配以规范有力的上肢动作组合而成。

音乐选择：节奏感强的音乐，速度为26拍/10秒。

动作要求：跳跃轻快，富有弹性；上肢动作到位，有力度；整套动作连贯，节奏准确，富有表现力。

第七章　高校体育教学球类运动训练指导

第一节　篮球运动训练指导

一、篮球运动的基本概况

初期的篮球活动简易而有趣，可以因人、因地、因时、因需而异，参与方便而且容易吸引人们参与，能够达到娱乐身心、健身强体、丰富生活的目的。篮球运动不仅具有激烈、刺激的竞技性，还具有促进全民健身运动的健身性，已成为当今人们健身的一大球类运动项目。

对于篮球项目而言，快速多变是灵魂，技术对抗是手段，速度力量是保障，投篮得分是目的。速度是竞技运动的生命，是篮球运动进攻、防守、防守反击、攻防转换的关键。有速度才有可能捕捉有利时机，抢占有利位置，摆脱防守，抢断成功，控球得分。经常参加篮球运动有助于人们增强体质，愉悦身心，对提高人的身体素质有着积极的作用和影响。

二、篮球运动技术教学指导

（一）传接球技术

1. 传球技术

（1）双手胸前传球

双手手指自然分开，拇指相对成八字形，用指根以上部位持球，手心空出。两肘自然弯曲于体侧，将球置于胸腹之间的部位，身体成基本站立姿势。传球时，在后脚蹬地，身体重心前移的同时前臂迅速向传球方向伸出，拇指用力下压，手腕前屈，食指和中指用力拨球将球传出。

(2) 单手肩上传球

双手持球于胸前，双脚平行而立，传球时（以右手传球为例），左脚向传球方向迈出半步，右手托球，同时将球引到右肩上方，肘部外展，上臂与地面近似平行，手腕后仰。左肩对着传球方向，重心落在右脚上，右脚蹬地，转体，右前臂迅速向前挥摆，手腕前屈，通过食指、中指拨球将球传出。球出手后，右脚随着身体重心前移而向前迈出半步，保持基本站立姿势。

2. 接球技术

(1) 双手接球

双手接球时，双眼注视来球，双臂伸出迎球，手指自然分开，两拇指成"八"字形，手指向前上方，双手成一个半圆形。当手指触球后，双臂随球后引缓冲来球的力量，双手握球于胸腹之间。

(2) 单手接球

如用右手接球，则右脚向来球方向迈出，双眼注视着来球。接球时，手掌成勺形，手指自然分开，右臂向来球的方向伸去。当手指触球时，手臂顺势将球向后下引，左手立即握球，双手将球握于胸腹之间，保持基本持球姿势。

(二) 运球技术

1. 高运球

高运球时双腿微屈，上体稍前倾，眼平视，以肘关节为轴，前臂自然伸屈，用手腕、手指柔和而有力地按拍球的后上方。球的落点控制在运球手的同侧脚的外侧前方，使球的反弹高度在胸腹之间。

2. 低运球

运球时，双腿应迅速弯曲，重心下降，上体前倾，球的落点在体侧，用上体和腿保护球，同时，用手腕和手指短促地按拍球的后上方，使球控制在膝关节的高度。

（三）持球突破技术

1. 交叉步突破

以右脚作为中枢脚为例。双脚左右开立，双膝微屈，身体重心降低，持球于胸腹之间。突破时，左脚向左前方跨出，假装做向左侧突破，当对手重心向左偏移时，右脚前掌内侧迅速蹬地，上体向右转体探肩，左肩向前下压，重心向右前方移动，左脚迅速向右侧前方跨出，同时将球移到右侧，推放球到左脚外侧，右脚用力蹬地向前跨出，迅速超越对手。

2. 顺步突破

以左脚作为中枢脚为例。准备姿势和突破前的动作要求与交叉步突破相同。突破时，假做投篮，当对手重心前移时，右脚迅速向前方跨出一步，上体向右脚外侧偏前方，左脚前脚掌迅速蹬地，向前方跨出运球突破防守。

3. 行进间突破

在快速移动中，看到同伴传来的球，应快速向来球方向伸臂迎球，同时用一脚（侧向移动时用异侧脚）蹬地，双脚稍离地腾起，向侧方或前方跃出接球，形成与防守队员的位置差，双脚先后或同时落地。落地后，屈膝降重心，保持身体平衡并注意保护好球。根据防守队员的位置和具体情况，快速选择交叉步或同侧步突破。

（四）投篮技术

1. 原地单手肩上投篮

以右手投篮为例。双脚开立，双膝微屈，身体重心在双脚之间，上体稍前倾，右手翻腕托球于右肩前上方，手指自然张开成球状，手心不要贴球，球的重心要落在中指和食指之间，左手帮助扶在球的侧下部，右肘自然下垂，腕关节放松。下肢蹬地的同时，右臂向前上方伸展，手腕向前扣动，手指拨球，将球柔和地送出。球出手后，手腕放松，手指自然向下。

2. 行进间单手肩上投篮

跑动中右脚跨步时接球，左脚跨步迅速蹬地起跳，右腿屈膝上抬，同时举球至右肩上，腾空后当身体接近最高点时，右臂向前上方伸出，手腕前翻，食、中指拨球，通过指端将球投出。投篮出手后，双脚同时落地，双腿弯曲，以缓冲落地的力量。

（五）防守技术

1. 防无球队员

（1）防接球

防接球是防守对手无球时的首要任务，必须在对手接球前就开始防守，要有预测性并积极采取行动去限制或减少对手接球，特别是在有效攻击区内接球。即便是在处于被动的情况，也要积极跟防、追堵，阻止对手接球，使其不能立即采取攻击行动，以利自己调整位置。要始终保持对手和球在自己的视线范围之内，做到人球兼顾；保持良好的防守姿势，屈膝降低身体重心，以便应变起动，同时注意起动与移动步法的衔接和平衡的控制。要在动态中使自己处于"球—我—他"的有利位置上，同时伸出同侧手臂挡在传向自己对手的来球路线上，另一手臂要伸向对手可能切入的方向。在常规情况下，仍要形成"球—我—他"钝角三角形。防接球时，丝毫不能放松对其摆脱或切入的警惕。

（2）防切入

防切入是指对进攻队员企图切入或已摆脱切入的防守。防切人最忌看球不看人，一定要坚持"人球兼顾，防人为主"的原则，一旦对手有所行动，必须采取平步堵截、凶狠顶挤、抢前等防守方法，使其不能及时起动或降低其速度。如果对手迎球方向切入，则主动堵前防守，如果对手背对球方向则防其后，目的都是切断对手接球路线。对手切入后只要没有获球，其威胁会大大降低。关于溜底线的切入，有两种跟防方法：一种是背向球，面向对手，观其眼神，封阻其接球；另一种是用后转身，面向球，背靠防守用手触摸，紧贴其身跟随移动。防反切则以后脚为轴快速向内侧转身，快速堵逼，抢占近球内侧位置，不让对手接球,并准备断球和打球。

(3) 防摆脱

防摆脱是指对无球进攻队员摆脱的限制和封堵。一般来讲,进攻队员在后场的摆脱,主要是快下接球攻击,防守队员必须积极追防,并注意传向自己对手的球,抢在近球侧的路线上准备堵截。比赛时要想完全控制进攻队员无球时的行动是很困难的,主要是不能失去防守队员有利的位置。如阵地进攻时,对手采取先下后上、先左后右的摆脱,即使对手接到球,也可以继续进行防守;内线队员向外移动,可以采取错位防守或利用绕步、攻击步抢前防守,近球一侧手臂干扰其接球,另一手臂则应伸出,防其转身、背切等行动,关键在于不让对手抢占有利位置,尽可能封堵接球路线,不让他轻易接到球。

2. 防守有球队员

(1) 防传球

持球队员离球篮较远时,其主要的传球意图是向中锋供球和转移球。防守时要根据其位置和视线,判断其传球意图,控制其进攻性的传球。对手离篮较近时,主要防其突然传(分)球,应注意对手眼神和假动作——往往是眼向上看,球向下传;眼向右看,球向左传。防守队员要精神集中,随球动而采取打、封、阻动作。打球时以肘关节为轴,前臂上下、左右迅速屈伸。必要时配合脚的动作,用抢、打、断球破坏其传球。

(2) 防运球

在一般情况下,为了不让对手运球超越自己,防守队员应与对手保持一臂左右的距离,双臂侧下张,双腿弯曲,在积极移动中保持正确的防守姿势,准确判断,随时准备抢、打球。如果要使防守具有攻击性,也可以采用贴近对手的平步防御,以扩大防守范围,增加对手做动作的难度。防守持球队员要根据对手的特点和本队的策略,采用不同的防守方法和策略。例如,为了达到一定的战术目的,可采用放其一侧、堵中放边的策略,诱使对方向边线运球,然后迫使其停止运球,造成夹击防守。

(3) 防投篮

防对手中距离投篮时,应站在对手与球篮之间贴近对手的位置,双脚前后斜立,屈膝直腰,前脚同侧手伸向对手瞄篮的球并积极挥动,干扰和影响其投篮,重心略偏前脚并稍微提踵,脚下要不停地前后碎步移动。另一臂侧张,以防其传球和保持自身平衡,以便随时变换防守动作。如果防守队员距离对手较远时,应在对手接到球的同时,迅速移动到适当距离的位置上;如果对手已接到球,而防守队员的距离较远时,防守队员就应积极挥摆前伸的手,同时积极移动脚步,逐渐接近对手,防止其接球后立即投篮。防守队员向前移动时切忌步幅过大,以免失去身体平衡,使对手获得突破的机会。如果投篮队员进行投篮或防守队员上步不及时,则应随对手的出球动作,迅速顺势起跳,单臂上伸封盖,影响其投篮的方向和出手的角度。

(4) 防突破

防突破的位置和距离的选择,应根据持球的对手离球篮的远近和对手的特点而定。对手距球篮远又善于突破时,防守队员应以防突破为主,抢占持球队员与球篮之间贴近对手的位置,做好防守姿势。如持球队员由投篮变为向防守队员左侧突破时,防守队员的前脚应迅速用前脚掌内侧用力蹬地,撤步并迅速向左侧斜后方滑步,阻截其突破路线;如进攻队员变投篮向防守队员右侧突破(交叉步突破)时,防守队员应迅速蹬地向右侧斜后方做后撤步,并伴随对手做横滑步,阻截其突破路线,使其被迫改变动作方式和动作方向。

第二节 排球运动训练指导

一、排球运动的基本概况

排球是一项深受广大群众喜爱的体育运动,是两队各六名队员在长

18 米、宽 9 米的场地上,从中间隔开的球网(男子网高 2.43 米、女子网高 2.24 米)上方,根据规则运用各种击球技术,进行集体的攻防对抗,不使球在本方场内落地的一种球类运动。

排球运动在我国是一项开展得比较普遍的球类运动,由于排球规则容易掌握,场地设备要求不高,并且运动量和运动负荷便于调整,因此,它适合不同年龄、不同性别的群体。排球运动能促进身体的全面发展,增进内脏器官的功能,提高弹跳、灵敏、耐力、速度、力量等身体素质以及反应能力。同时,排球运动在培养人们团结奋斗的集体主义精神、精确快速的判断能力,以及勇敢、顽强、坚韧等意志品质方面也有着突出的作用。

二、排球运动技术教学指导

(一)发球技术

1. 正面上手发球

面对球网,双脚自然开立,左脚在前,左手持球于体前。用抬臂和手掌的平托上送,将球平稳地垂直抛向右肩的前上方,高度适中。在抛球的同时,右臂抬起,做屈肘后引的姿势,挺胸,抬头,肘与肩平行,上体稍向右侧转,注意球下落的时机。利用蹬地转体和迅速收腹的动作来带动手臂自然有力的快速挥出,其身体重心自然向前移至左脚,用全掌击球的中下部,同时手腕应有向下推压的动作,使球成上旋的运动形式飞行。击球时,手指自然张开与球吻合。击球后,随着重心前倾,迅速落位参加比赛。

2. 正面下手发球

面对球网,双脚前后开立,略同肩宽,左脚在前,双膝微屈,上体稍前倾,重心偏向后脚,左手持球放于腹前。左手将球轻轻抛起在体前右侧,抛向约离身体正前方的 40 厘米处,高度离手 20 厘米。右臂伸直,以肩为轴摆向身体的右侧后下方,借右脚蹬地力量,身体重心随着右手向前摆动击球而移至前脚上。击球时,在腹前以全手掌击球的后方。击球后，随着击球动作重心前移，迅速入场。

3. 跳发球

站到距端线 3~4 米处，单手或双手向前上方将球抛起，一般抛至离地面 3.5~4 米，落点在端线附近，随着抛球离手向前助跑跳起。起跳时双臂要协调摆动，摆幅要大。击球时，利用收腹和转体动作带动手臂挥动。击球点保持在右肩前上方，手臂伸直，利用全手掌击球的中下部，且有推压动作，使球呈上旋飞行。击球后，双膝缓冲，双脚落地，迅速入场。

（二）传球技术

1. 正面双手传球

采用稍蹲准备姿势，上体稍挺起，仰头看球，双手自然抬起，屈肘，放松置于额前。当来球接近额前时，开始蹬地、伸膝、伸臂，手指微张从脸前向前上方迎出。在迎球动作的基础上，当手和球即将接触前，手腕和手指要有前屈迎球的动作。击球点在脸前额前上方约一球距离处。当手和球接触时，各大关节应继续伸展，最后用手指手腕的弹力将球击出。

2. 背传

身体的背面正对着传球的目标，上体保持正直或稍微后仰，把球垫向目标为背向传球。球来时，头稍后仰并挺胸，上体向后上方伸展的同时配合下肢蹬地。击球时，手腕适当后仰，使掌心向后上方击球的底部，利用手指、手腕主动向上方的力量将球向后上方传出。

3. 跳传

根据传球的高低，及时起跳，手放在脸前，当身体上升到最高点时，靠伸臂动作和手指、手腕的弹击力量将球传出。由于在空中无支撑点，用不上蹬地力量，只能靠伸臂动作将球传出，因此必须在身体下降前传球出手，如此才能控制传球力量。

(三) 垫球技术

1. 正面双手垫球

看清来球的落点后，迅速移动到位，对准来球，成半蹲准备姿势站立。双手抱拳互握，两拇指平行朝前。双臂自然伸直，双臂稍外展靠拢，手腕下压，手腕关节以上的前臂形成一个点击的平面。身体对准来球后，手臂迅速插入球下，击球时，蹬腿提腰，重心随之前移，同时靠双臂相夹、含胸收肩、压腕抬臂等动作的密切配合，将球准确地垫在小臂上。在垫击的一瞬间，双臂要保持平稳固定。击球时，身体和双臂要自然地随球伴送动作，以便控制球的落点和方向。通常在来球与腹前约一臂距离时，双臂加紧前冲，插入球下，使击球点保持在腹前，用前臂腕关节以上 10 厘米左右桡骨内侧平面触球为宜，将球垫出。如来球的力量小或垫击的球距离远，垫击必须加上抬臂动作，给球以反击力；如来球的力量大或垫击的球距离近，则只需轻轻一垫，靠反弹力垫起。有时来球力量很大，为了缓冲来球的力量，手臂还需顺势后撤，加上含胸收腹的协调力，使球得到缓冲后垫出。一般来说，垫球的用力大小与来球的力量成反比，与垫出球的距离成正比。要根据来球的角度和要求垫出的方向，运用入射角近似于反射角的原理，调整手臂与地面的角度和左右转动手臂平面来控制垫球方向。来球弧度较平要求垫出的球弧度平时，手臂角度应大；反之，应小。

2. 体侧垫球

来球飞向体侧，来不及移动对准来球时，可用双臂在体侧进行垫击。当球向左侧飞来，右脚前脚掌内侧蹬地，左脚向左跨出一步，重心随即移至左脚上，左膝弯曲，同时双臂夹紧向左侧伸出，右肩微向下倾斜，用向右转腰和提左肩的动作，使前臂垫击球的后下部。切忌随球向左侧摆臂击球，这样会造成球飞向侧方。

3. 背垫球

背向垫球时，要判断好球飞行方向，迅速移动到球的落点上，背对出球方向，双臂夹紧伸直，击球点最好高于肩。击球时要抬头挺胸，展腹后仰，直臂向上方摆动抬头。

4．单手垫球

当来球低、球速快，在体侧距离远来不及用双手垫球时，可以采用单手垫球的方式。来球在右侧远处时，迅速移动接近球，最后右脚跨出一大步，上体向右倾斜，右臂伸直自右后方向摆动，用前臂内侧、掌根或虎口处击球的下部。

（四）扣球技术

1．正面扣球

以右手扣球为例。扣球助跑前采用稍蹲姿势，双臂自然下垂，观察判断来球。助跑的作用是为了接近球，选择适宜的起跳地点，同时也起到增加弹跳的作用，助跑时要根据球的远近和个人的习惯采用一步、两步、三步或多步法。以两步助跑为例。助跑时，左脚先向前迈出一步，这一步要小，接着右脚再迅速跨出一大步，左脚及时跟上，踏在右脚之前，双脚尖稍向右转，并以右脚的脚跟先着地过渡到全脚掌着地，双臂由体前经体侧摆至体后上方，上体前接着重心前移并降低重心，双膝弯曲并内扣，准备起跳。第一步决定助跑的方向，第二步起到调整作用，使起跳的位置正确，起跳后保持好正确的击球点。起跳的目的不仅在于获得高度，还为了掌握扣球的时机和选择适当的击球位置。击球是扣球技术的关键环节。起跳前，挺胸展腹，上体稍向右转，右臂向后上方抬起；起跳后，挺胸展腹，上体稍向右转，右臂向后方抬起，身体成反弓形，利用含胸吸腹动作，带动肩、肘、腕各关节成鞭甩动作向前上方挥动，使全身的协调用力集中于手上，以加大击球力量。击球时，五指微张呈勺形并保持紧张，掌包满球，击球的后中部，同时主动用力屈腕、屈指向前推压，使扣出的球加速上旋。落地时，应力争双脚尽快同时着地。以前脚掌先着地再过渡到全脚掌着地。同时顺势屈膝、收腹，以缓冲下落力量，并立即做好下一个动作的准备。

2．单脚起跳扣球

单脚起跳扣球的助跑角度要小，单脚起跳动作要求以扣球手手臂一侧的一脚蹬地踏跳，同侧腿迅速向上摆动，带动身体上升。即在助跑过程中，右脚落地时，左脚向前跨出一大步并蹬地起跳，右脚向上摆动，同时配合展腹的挥摆，帮助起跳并提高弹跳高度。起跳后保持好击球点，按照正面扣球动作击球。

（五）拦网技术

1. 单人拦网

队员面对球网，双脚平行开立，约与肩同宽，离网30～40厘米。双膝稍屈，双臂在胸前自然弯曲。注意观察和判断对方场上队员的行为和球的飞行情况，随时准备移动和拦网。

为了及时扣球，可根据各种情况采用并步、交叉步、滑步等移动步法迅速取好起跳点，准备起跳。原地起跳时，重心降低，双膝弯曲，用力蹬地，使身体垂直起跳。

起跳时，双手从额前贴近并平行球网向网上沿的前上方伸出，双臂伸直，两肩尽量上提。拦网时，双臂尽力过网伸向对方上空，双手接近球，并自然张开，当手触球时，双手要突然紧张，手腕用力下压盖住球的前上方。手腕的主动用力盖帽捂球，使球反弹角度小，对方不易防守。为了防止打手出界，2、4号位队员的外侧手掌心要向内转。

选择拦网的部分不能只根据球的位置，更主要的是根据扣球人的动作。除事先了解扣球人的特点之外，主要根据扣球人的身体位置和挥臂方向。因此，在根据球的位置起跳时，要把注意力转移到扣球人的动作上，最后根据其挥臂方向，判断球的过网位置，双手伸向这个部分拦网。如果伸手拦网后，又发现扣球人转变扣球方向，也可采用空中移位拦网，伸向对方扣球方向那一侧的手，手腕可以加侧倒动作，扩大拦区。

如已将球拦回，则可面对对方，屈膝缓冲，双脚落地。如未拦到球，则在下落时就要随球转头，并以转头方向相反的一只脚先落地，随即转身面向后场，准备接应来球或做下一个动作的准备。

2. 集体拦网

（1）双人拦网

双人拦网是集体拦网的主要形式。双人拦网主要由 2、3 号位或 3、4 号位队员组成。根据对方不同的进攻位置，队员具体分工也不同。当对方从 4 号位进攻时，应以本方 2 号位队员为主，3 号位队员移动并协同配合拦网，组成双人拦网；如果球较集中，则以 3 号位队员为主，2 号位队员进行配合拦网。当对方从 3 号位进攻时，一般应以本方 3 号位为主，4 号位协同配合；若对方从 2 号位进攻，则以本方 4 号位队员为主，3 号位队员进行协同配合拦网。

（2）三人拦网

三人拦网多在对方进行高点强攻的情况下运用。在组成三人拦网时，不论对方从哪一个位置进攻，都应以本方 3 号位队员为主拦者，两边队员主动配合拦网。

第三节　乒乓球运动训练指导

一、乒乓球运动的基本概况

乒乓球运动产生于 19 世纪中末期的英国，其起源与网球的发展有着非常密切的关系。乒乓球运动英文名为 table tennis，即桌上网球。据记载，19 世纪后半叶，在一些英国大学生中流行着一种极类似现在乒乓球的室内游戏：发球时，可将球直接发到对方台面，亦可把球先发到本方台面再跳至对方台面；球拍是空心的，用羊皮纸贴成，形状为长柄椭圆形；为了不损坏家具，在橡胶或软木实心球外，往往包一层轻而结实的毛线；有时在饭桌上支起网来打，有时索性就在地板上用两个椅子当作支柱，中间挂起网来打。虽然打起来不十分激烈，但颇有一番乐趣。

乒乓球运动能够有效提高身体的各项机能，增强体质。除此之外，乒乓球运动还能促进参与者之间的交流，帮助参与者增进人际关系。

二、乒乓球运动技术教学指导

（一）发球技术

1. 正手平击发球

正手平击发球是初学者最基本的发球方法，其速度应一般，略带上旋。动作是站位近台中间偏左处，抛球同时向右侧上方引拍，上臂带动前臂向前平行挥动，拍形稍前倾，在球的下降期击球的中上部向前方发力，使球的第一落点在球台的中段附近。

2. 反手发右侧上（下）旋球

反手发右侧上（下）旋球以旋转变化为主，飞行弧线要向左偏拐，对方回球时容易出现向其左侧上（下）反弹。这种发球方式能起到迷惑对方的作用。右脚稍前，重心在腰、臂协调用力，有利于提高发球速度和增大发球力量。

（二）接发球技术

首先，接发球时，要合理选择站位。一般来讲，如果对方站在球台左半台，本方也应站在球台的左半台；若对方站在球台的右半台，本方也应相应调整至球台的中间偏右位置。一般站位离球台 30～40 厘米为宜。

其次，接发球时，要正确判断来球路线，判断上不出现大的偏差，如此才能更好地运用接发球技术。

（三）攻球技术

1. 正手攻球

（1）正手快攻

左脚稍前，身体离球台约 40 厘米。击球前，持拍手臂要向右前伸迎球，前臂自然放松，球拍呈半横状。当球从台面弹起时，前臂和手腕向前上方挥动，并配合内旋转腕的动作，使拍形前倾，在上升期击球中上部。拍触球刹那，拇指压拍，同时加快手腕内旋速度，使拍面沿球体做弧形挥动。击球后，挥拍至头部高度。

(2) 正手拉攻

攻球时，左脚稍前，身体离球台约 60 厘米。击球前，持拍手臂向右后下方引拍，球拍比半横状略下垂些，拍形稍后仰。当球从高点开始下降时，上臂由后向前上方挥动，在将触球前，前臂加速用力向左上提拉，同时配合手腕动作向上摩擦球，在下降期击球中部或中下部，拍形接近垂直。遇来球低或下旋较强时，腰部应配合向上用力。击球后，要随势将球拍挥至额前，重心移至左脚。

2. 反手攻球

(1) 反手快攻

右脚稍前，身体离球台约 40 厘米。持拍手臂自然弯曲，将球拍移至腹前偏左的位置。击球时，前臂和手腕向右前上方挥动，同时配合外旋转腕动作使拍形前倾，在上升期击球中上部。击球后，随势将球拍挥至右肩前。

(2) 反手拉攻

右脚稍前，身体离球台约 60 厘米。击球前，持拍手臂的上臂靠近身体，前臂向左下方移动，将球拍移至腹前偏左的位置，球拍略下垂并稍低于台面，拍形稍后仰。击球时，上臂稍向前，同时配合向外转腕动作，前臂向右前上方迅速挥动，在下降期击球中部或中下部，在此过程中腰部应辅助用力。击球后，随势将球拍挥至额前，身体重心移至右脚。

(四) 搓球技术

1. 慢搓

反手慢搓的站位是右脚稍前，身体离球台约 50 厘米，持拍手臂向左上引拍。击球时，前臂和手腕向前下方用力，同时配合内旋转腕的动作，拍形后仰，在下降后期搓击球中下部。击球后，前臂随势前送。

2. 快搓

右脚稍前，身体靠近球台。来球在身体左侧时，可运用反手搓球。击球时，上臂迅速前伸，前臂跟随向前，拍形稍后仰，利用上臂前送力量，在上升期击球中下部。来球在身体右侧，可以运用正手搓球。搓球时，身体稍向右转，手臂向右前上引拍，然后前臂和手腕向前下方用力，在上升期击球中下部。

3. 摆短

摆短具有动作小、回球快、弧线低、落点近网的特点。用摆短还击近网下旋来球很有效，但对付长球或不转球有一定难度。其动作与快搓基本相同，但击球时间相对提前（上升前期）。在将触球时，手臂停止前伸，利用来球的反弹力，向前下方摩擦球的中下部，手腕有一定的减力动作，还可略带侧向摩擦，以便起到缓冲作用。

4. 劈长

劈长具有速度快、线路长、旋转强、弧线低平、出手凶狠等特点，常使对方无法获得上手进攻所必需的引拍距离，在接发球时与摆短配合运用能起到更好的效果。劈长动作与一般搓球类似，但引拍稍高（须高于来球），在高点期（或上升后期）触球，前臂带动手腕快速向前下方砍击，发力集中，动作幅度较大，身体重心要随摩擦球的方向跟出。

（五）弧圈球技术

1. 正手弧圈球

（1）正手高吊弧圈球

双脚开立，右脚稍后，身体略向右转，双膝微屈，重心放在右脚上。准备击球时，持拍手臂自然下垂，并向后下方引拍，右肩略低于左肩，拇指压拍使拍形略为前倾，呈半横立状，并使拍形固定。当来球从台面弹起时，手臂向前上方挥动，前臂在上臂带动下爆发性用力做快收动作。将触球时，手腕向前上方加力，在球下降期用拍摩擦球的中上部。球拍擦击球时，要注意配合腰部向左上方转动和右腿蹬地的力量。击球后，重心移至左脚。

(2) 正手前冲弧圈球

双脚开立，右脚稍后，身体略向右转，重心放在右脚上，将球拍自然地拉至身后（约与台面同高），拍形保持前倾，与地面形成 35°～40°的夹角。当球从台面弹起还未达到高点时，腰部向左转动，手臂向前上方挥出，前臂在上臂的带动下，迅速内收，手腕略转动，在高点期或下降期前用拍擦击球的中上部，使之以较低的弧线落在对方的台面上。击球后，重心移至左脚。

2. 反手弧圈球

双脚平行或左脚稍后站立，双膝微屈，重心较低。击球前，将球拍引至腹部下方，腹部略内收，肘部略向前，手腕下垂，拍形前倾。当球从球台弹起时，以肘关节为轴，前臂迅速向上挥动，结合手腕向上转动的力量，在下降期用拍擦击球的中部或中上部。在击球过程中，双腿向上蹬伸。

(六) 削球技术

1. 远削

(1) 正手远削

双脚分开，右脚稍后，身体略向右转，手臂向右后上方移动，前臂提起，球拍上举。当来球跳至下降后期，随着身体的向左转动，上臂带动前臂同时向左前下方用力，拍面后仰，触球中下部，手腕有一摩擦球的动作。

(2) 反手远削

反手远削的动作基本同正手削球，但方向相反。反手削球引拍动作要有节奏。

2. 近削

(1) 正手近削

正手近削的动作与正手远削相似，不同之处在于正手近削以向上引拍为主，拍形近似垂直或稍稍后仰，整个动作以向下为主，略带向前向左，在来球的上升后期或高点期触球的中下部（比远削偏中部），动作速度比远削要快。

（2）反手近削

反手近削与正手近削动作相同，但方向相反。引拍动作应适当加快。

第四节　羽毛球运动训练指导

一、羽毛球运动的基本概况

羽毛球运动有着非常悠久的历史，但是，对于羽毛球运动的起源，至今也还没有较为确切的说法。其中，人们最认可的观点是羽毛球运动是由毽子球游戏演变而来的。

在羽毛球运动过程中，练习者通过在前场和后场的快速移动，中场的起跳扣杀、跨步救球，网前的轻吊，双打时的配合换位等，能很好地增强力量素质、速度素质、灵敏性素质和柔韧性素质等。经常从事羽毛球运动可以增强人体的灵活性和协调性，可以提高人的上下肢及躯干的活动能力，改善呼吸系统和心血管系统的功能，增加肺活量，增强代谢功能，改善吸氧能力，增强体质，提高免疫功能，缓解疲劳。

二、羽毛球运动技术教学指导

（一）发球技术

1. 正手发球

（1）正手发高远球

完成正确的站位和准备姿势后，开始准备挥拍击球，直至完成一系列动作。

挥拍时，先放球，右手的大臂带动小臂，从右后方向左前上方挥动的同时，右脚蹬地，腰腹向正前方转动，同时身体重心随势前移。

击球时，要使下落的球与拍面在身体右侧前下方的交叉点碰触，球触拍面的中上部。击球瞬间，握紧球拍，闪动手腕，向前上方鞭打击球，在击球的同时，手臂随击球后的惯性自然往左肩上方挥起，身体重心也由右脚移至左脚。

击球后，重心下沉，微屈双膝，随时准备回击对方的来球。

（2）正手发平高球

发球前，站在离前发球线1米左右发球场区中线附近。面对球网，双脚自然开立，左手持球，自然弯曲置于胸前，左脚在前，右脚在后。身体重心放在右脚上，身体略微向后仰，右手向右后侧举起，肘部稍弯曲。

挥拍时，左手把球举在身体靠右前方并放下，使球下落，右手同时挥大臂带动小臂，小臂加速自右后方往左前方挥动球拍。

击球时，球落到击球人腰部稍下的一刹那，紧握球拍，手腕向前上方击球，瞬间前臂加速带动手腕发力，拍面稍向前上方推进，动作幅度小于发高远球。触球时拍面仰角要小于45°，拍面稍向前推送击球。从小臂起动到最后球拍击球的整个过程就像甩鞭子一样。

击球后，应迅速还原，准备回击。

2. 反手发球

（1）反手发网前短球

面向球网，双脚前后开立，上体稍前倾，将身体重心放到前脚上。右手臂屈肘，用反手握拍法将球拍斜下举在腰下。击球时，瞬间利用前臂带动手腕、手指向前横切推送，让球贴网而过落在近网处。特点：发球挥拍较慢，发力轻，球的落点近网。

（2）反手发平快球

发球前，站位和准备姿势与反手发网前短球基本相同。击球时，手要紧握拍柄，加快挥拍速度，掌握好拍面角度，用"甩"腕与手指动作配合的爆发力将球向前或前上方击出。

（二）接发球技术

1. 接高远球

对方发高远球或平高球时，通常会采用平高球、吊球或杀球来进行还击。一般来说，接发高远球是一次进攻的机会，还击得好，就掌握了主动。一些初学者常因后场技术没掌握好，还击球的质量较差，以致遭到对方的攻击。

2. 接网前球

对方发来网前球时，通常会采取平高球、高远球、放网前球、平推球等技术来进行还击；如对方发球质量不好，也可用扑球还击。根据对方不同的发球技术，在洞察对方发网前球的意图的基础上，要根据场上的情况、对手的特点以及自己的战术设计来做最佳的还击。

3. 接平快球

对方发来平快球时，可用平推球、平高球还击，以快制快。由于接球方还击的击球点比发球方高，下压狠一些可以夺取主动。另外亦可以用高远球还击，以逸待劳。不能仓促还击网前球，因为如果击球质量稍差，就有可能遭到对方的进攻。

（三）网前击球技术

1. 放网前球技术

（1）正手放网前球

击球前，准确判断来球路线和落点，快速上网，侧对球网。左脚在后，右腿跨成弓箭步，重心放在右脚，正手握拍，做好放网前球准备。球拍随着前臂向右前上方斜举，当球拍举至最高点时，前臂开始外旋转动，手腕稍后伸，左臂自然后伸，起平衡作用，这就是网前进攻技术击球前期动作的一致性。

击球时，前臂稍外旋，手腕由后伸至稍内收闪动，握拍手的食指和拇指夹住球拍，中指、无名指、小指轻握拍柄，使球拍在手腕和手指的挥摆用力下，轻击球托把球轻送过网。

击球后，身体还原至准备姿势。

(2) 反手放网前球

反手放网前球动作同正手放网前球，不同在于反手握拍、反面迎球。

击球前，要准确判断来球路线和落点，快速向前，左侧上网，右脚在前，左脚呈弓箭步，将身体重心放在右脚上，侧身对网。

击球时，主要靠前臂的前伸、外旋和手腕由内收至外展的合力，轻击球托底部把球轻送过网。

击球后，整个动作还原成下次击球的准备姿势。

2. 网前勾球技术

(1) 正手勾球

击球前，依据来球快速上网，与此同时，手握球拍向右前方举起。侧身对网，重心在右脚；握拍小臂前伸，稍有外旋，手腕稍后伸，手腕、手指自然放松；拍柄稍向外捻动，拇指贴在拍柄宽面，食指第二指节贴在拍柄背面宽面，拍柄不触掌心。

击球时，小臂稍内旋，手腕由稍后伸至内收闪腕，肘部略回收，拍面朝对方右网前拨击球托侧底部，使球沿网的对角线飞越过网。

击球结束后，持球拍的手臂回收至体前，做好迎接来球的准备。

(2) 反手勾球

击球前，依据来球手臂前伸，球拍平举。准备击球时，肘部突然下沉，同时小臂略有外旋。

击球时，击球瞬间，手腕由屈腕到伸腕闪动，拇指内侧和中指将拍柄向右侧一拉，其余的手指突然紧握拍柄，球拍背面朝对方左网前拨击球托侧底部，球沿网对角线飞越过网。

击球结束后，持球拍的手臂回收至体前，做好迎接来球的准备。

3. 网前搓球技术

(1) 正手搓球

做好击球准备，正手搓球击球前，要求上网步法快。左脚蹬地，右脚向网前跨成弓步，侧身对网，重心在右脚，左手自然后伸，以保持平衡。持拍手臂向前伸出，以肘为轴，前臂做外旋动作，手腕外展，出手要快，握拍手腕和手指自然放松。

击球时，前臂稍外旋，拍面与球网成斜面向前。用手指控制好拍面并发力，使搓出的球尽可能地贴网而过。

挥拍时，腕部由展腕至收腕闪动，带动手指向前"切削"，搓击球托侧底部，使球呈下旋翻滚过网；或腕部由收腕至展腕闪动，带动手指离网"提拉"，搓击球托侧底部，使球呈上旋翻滚过网。要注意，挥拍力量和拍面的角度以来球时离网的远近而定。

（2）反手搓球

击球前，同样要求快步上网。左脚蹬地，右脚向网前跨成弓步，侧身背对网，重心在右脚，握拍手臂向前伸出，出手要快，手腕、手指自然放松，前臂稍上举，收腕前屈，握拍手部高于拍面，反拍迎球。

击球时，主要靠前臂的前伸外旋和手腕由内收至外展的合力带动手指离网"提拉"，搓击球托的侧底部，使球呈上旋翻滚过网。做这一技术动作时，要注意球不是被弹出去的，而是被手腕和手指的力量搓出去的，不要忽视击球时手指的捻动作。

4. 网前推球技术

（1）正手推球

准备击球时，肘关节微屈回收，小臂稍外旋，收腕后伸，球拍向后摆，小指、无名指稍松开，使拍柄稍离手掌鱼际肌。

击球时，身体稍前移，小臂前伸并带内旋、收腕，手指控制拍面角度，收腕由后伸至闪动，食指前压，小指、无名指突然握紧拍柄。球拍急速推击球，球沿边线飞向对方后场底角。击球瞬间，拍面几乎与球网平行。正手推直线球时，击球点在身体右前方；推对角球时，击球点在近肩侧前方。

（2）反手推球

击球前，准备姿势与反手网前搓球相似。准备击球时，小臂向左胸前收引，屈肘屈腕。

击球时，小臂前伸略带外旋，收腕由屈到伸闪动，中指、无名指和小指突然握紧拍柄，大拇指顶压，向前挥拍，推击球托侧底部，将球推击到对方后场底线。反手推直线球时，击球点在身体左前方，推对角球时，击球点在近肩侧前方。

5. 网前扑球技术

（1）正手扑球

击球前，准确判断来球的高度和路线，依据来球快速蹬步上网，身体右侧扑向网，球拍随手臂向右前伸，斜上举，拍面朝前。准备击球时，小臂外旋，收腕关节后伸，小指、无名指稍松开，使拍柄离开鱼际肌。

击球时，收腕由后伸到屈腕闪动，利用小臂、收腕和手指力量向前下方闪动击球，球拍触球后立即收回，或靠手腕从右前向左前"滑动"式挥拍扑球，以免球拍触网违例。

击球后，球拍随手臂向右侧前下方回收，做好迎接下一来球的准备。

（2）反手扑球

击球前，反手握拍于左侧前，当身体向左侧前方跃起时，持拍手小臂前伸、上举，收腕外展，拍面正对来球。

击球时，手臂伸直，手腕由外展到内收闪动，手握紧拍柄，拇指顶压，加速挥拍扑击球。击球后即刻屈肘，球拍回收，以免球拍触网违例。

（四）低手击球技术

1. 挑高球

（1）正手挑高球

击球前，判断来球，快速上网，左脚积极蹬地，右脚跨步向前成弓步，侧身对网，重心在右脚。正手握拍，手臂自然向右前方伸出，小臂外旋伸腕，左臂自然后伸起平衡作用。击球时，以肘关节为轴，小臂带动手腕快速由右下方向前上方挥拍击球。

（2）反手挑高球

击球前，判断来球，快速上网。左脚积极蹬地，右脚跨步向前成弓步，重心在右脚，侧身背对网。反手握拍，手臂向左前方伸出，小臂内旋屈肘、屈腕，左臂自然后伸起平衡作用。击球时，以肘关节为轴，小臂带动手腕快速由左下方向前上方挥拍击球。

2. 接杀球

（1）挡网前球

正手挡网前球：接球前，身体移至右场区并右倾，手臂右伸，前臂外旋，手腕外展。击球时，前臂内旋稍翻腕，带动球拍由右下向前上方挥动击球，把球挡向直线网前；也可以在击球时前臂由外旋到内收，带动球拍由右向前切送挡直线网前球。击球后，身体左转正面对网，然后右脚上前一步，球拍随身体向左转收至体前。还原成准备姿势，做好迎接下一来球的准备。

反手挡网前球：接球前的准备姿势同正手相似，但动作方向与正手握拍法相反。左脚向左侧跨出一步，身体左转，屈右肘，小臂内旋，手腕外展。击球时，借来球冲力，拍由左上方向左前方用拇指的顶力挥拍轻击球托，把球挡回直线网前。击球后，面对网，球拍随身体的移动收至体前。

（2）平抽反击球

准备反击球时，站在球场中心附近，双脚左右开立，双膝微屈，面向球网，准备。右手持拍在体前，准确判断来球，左（右）脚向左（右）侧跨步到位，引拍至左（右）侧后。

正手平抽球时，小臂要由外旋转为内旋，手腕由伸腕至伸直闪动，手指握紧拍柄，通常用食指的力量向前发力挥拍击球。

反手平抽球时，小臂要由内旋转为外旋，手腕由稍内至外展收闪动，手指突然握紧拍柄，通常用拇指的反压力，向前稍上挥拍进行击球。

3. 抽球

(1) 正手抽底线球

击球前，依据来球迅速移动。左脚蹬地，右脚向正手底角跨出，侧身向网，上体向右后倒，重心在右脚。右手握拍，手臂向右举拍，大臂与小臂约成 120°。准备击球时，小臂外旋伸腕，球拍后引，拍面稍后仰。击球时，主要靠小臂带动手腕"抽鞭"式向前挥拍，小臂由外旋到内旋，腕部由伸到屈闪动击球。向前上方用力击球成高远球，向前方用力击球则成平球。击球后，立即还原成准备姿势，以做好迎接下一来球的准备。

(2) 反手抽底线球

击球前，依据来球快速移动。左脚蹬地，右脚向反手底角跨出，上体前背对网，重心在右脚。反手握拍将球拍举于左肩上方。击球时，大臂带动小臂、手腕和手指沿水平方向快速向后挥拍，手臂基本伸直时，小臂外旋，手腕后伸用力闪动击球。向后上方用力击球成高远球，向后方用力击球则成平球。

(五) 高手击球技术

1. 击高球技术

(1) 正手击高球

击球前，判断好来球的方向和落点，侧身后退，使球处在自己的右肩稍前上方的位置。左肩对网，左脚在前，右脚在后，重心在右脚上。左臂屈肘，左手自然上举，右手持拍，手臂自然弯曲，将球拍举在右肩上方，双眼注视来球。

击球时，右上臂后引，随之肘关节上提，明显高于肩部，将球拍后引至头部，自然伸腕（拳心朝上）。然后在后脚蹬地、转体收腹的协调用力下，以肩为轴，上臂带动前臂快速向前上方甩腕做鞭打动作，手臂伸直在最高点，用手指、手腕和手臂的力量将球击出。

击球后，持拍手顺惯性往前左下方挥动并收拍至体前。与此同时，右脚向前迈出，左脚后撤，身体重心由后脚移到前脚上。还原成击球前

第七章 高校体育教学球类运动训练指导

的准备姿势,做好下一个来球的防守准备。

(2) 反手击高球

击球前,依据来球落点,迅速把身体转向左后方,移动到适合的击球位置,背对球网,并用反手握拍法握拍。右脚跨向左后方,球拍由身前举到左肩附近,以上臂带动前臂转动。将身体重心移到右脚上,将球置于身体的右上方。

击球时,前臂由左肩上方往下绕半弧形,最后一刹那时手指紧握球拍,击球点应在右肩上方为好,以手腕往右后上方或者根据还击的需要掌握好球拍的角度进行击球,把球击向后上方。注意最后用力时,要用拇指的侧压力和甩腕的爆发力,以及蹬地转体时候的全身协调用力。击球后,转身,手臂回收到胸前。

2. 扣杀球技术

(1) 正手扣杀球

准备姿势和动作过程与击高球的技术相似。击球时,右脚起跳,把球调整在右肩的稍前上方,接着身体后仰,身体成反弓姿势,快速收腹,手臂以最大的速度向前上方挥摆,最后通过手腕的高速挥动击球托后部,使球直线下行。杀球后,前臂带动球拍随惯性在体前收拍,身体重心由右脚移至左脚。

(2) 反手扣杀球

动作方法与反手击高球相同。不同的是击球前的挥拍用力要大,身体反弓加上手臂与手腕延伸、外展的鞭打用力,可向对方的直线或对角线的下方用力,击球瞬间球拍与扣杀球方向的水平夹角小于 90°。

3. 吊球技术

(1) 正手吊球

击球时,用手指、手腕发力,做快速切压球动作,击球托的后部和侧后部。如果吊斜线球,就要球拍切削球托的右侧并向左下方发力;如果吊直线球,拍面正对前方,向前下方切削球托。

(2) 反手吊球

反手吊球准备动作与反手击高球相同,但是击球时的握拍方法、拍面的掌握、力量的运用与反手击高球有所区别。击球时，前臂挥动速度减慢，而手腕摆动加速。

吊直线球时，用球拍反面切削球托的后中部将球击出，落点在对方右场区前发球线附近。吊斜线球时，用球拍反面切削球托的左侧部将球击出，落点在对方左场区前发球线附近。

第五节　足球运动训练指导

一、足球基本技术

（一）踢球

踢球指运动员有目的地用脚把球击向预定目标的技术。踢球是足球技术中最重要的技术，主要用于传球和射门。

踢球的方法很多，主要有脚内侧踢球、脚背正面踢球、脚背内侧踢球、脚背外侧踢球、脚尖踢球和脚跟踢球。这些动作结构完全一致，均由助跑、支撑脚站位、踢球腿摆动、脚触球、踢球后的随前动作五个环节组成。

1. 脚内侧踢球（又称脚弓踢球）

（1）脚内侧踢定位球

直线助跑，支撑前的最后一步稍大些，支撑脚站在球的侧面约15厘米处，脚尖正对出球方向，支撑腿膝关节微屈。在支撑脚着地时，踢球腿大腿带动小腿由后向前摆动，在前摆的过程中大腿外展，当膝关节摆动至接近球的正上方时，小腿做爆发式摆动，在触球前将脚跟送出使得脚内侧部位所形成的平面与出球方向垂直，踢球脚脚尖微微翘起，脚底与地面平行，踝关节功能性地紧张使脚型固定，触（击）球后身体跟随向前移动。

（2）脚内侧踢空中球

根据来球速度和运行轨迹及时移动到位，踢球腿的大腿抬起并外展，小腿绕额状轴后摆，之后小腿由后向前摆动，当摆至额状面时与球接触，击球的中部。

2. 脚背正面踢球（又称正脚背踢球）

（1）脚背正面踢定位球

直线助跑，最后一步稍大些，支撑脚积极着地支撑，在球的侧面10～12厘米处，脚尖正对出球方向，膝关节微屈，踢球腿随跑动向后摆动，小腿弯曲，支撑的同时踢球腿以髋关节为轴，大腿带动小腿由后向前摆动。当膝关节摆至接近球的正上方时，小腿做爆发式的摆动，脚跖屈，以脚背正面部位击球的后中部。击球后，身体及踢球腿随球前移。

（2）脚背正面踢反弹球

根据来球的速度、运行轨迹、落点，支撑脚踏在球落点的侧面。在球落地时，踢球腿爆发式前摆。在球刚弹离地面时，用脚背正面击球的中部，并控制小腿的上摆（送髋、膝关节向前平移）。

（3）凌空踢倒勾球

根据来球的速度、运行轨迹，选好击球点，及时移动到位，以踢球腿为起跳腿蹬地起跳，同时另一腿上摆，身体后仰腾空，眼睛注视来球，蹬地腿在离地后迅速上摆的同时，另一腿则向下摆动，以脚背正面击球的后部。踢球后，双臂微屈，手掌向下，手指指向头部相反方向着地，屈肘，然后背、腰、臀部依此滚动式着地。

3. 脚背内侧踢球（又称内脚背踢球）

（1）脚背内侧踢定位球

斜线助跑，助跑方向与出球方向约成45°角，最后一步稍大，以支撑脚底积极着地，脚尖指向出球方向，距球内侧后方20～25厘米，膝关节微屈。在支撑同时，踢球腿已完成后摆，并开始以髋关节为轴大腿带动小腿由后向前摆动，当大腿摆至与支撑腿接近同一平面时，小腿做爆发式摆动，此时脚尖外转，脚背绷直，以脚背内侧部位触击球。击球后，踢球腿及身体继续随球向前。

（2）脚背内侧转身踢球

助跑结束前倒数第二步应向球的侧前方跨出（即与出球方向在支撑

脚一侧的侧前方），最后一步略跳动并伴随转身支撑，脚尖对准出球方向，膝关节微屈，身体向支撑脚一侧倾斜，其余各环节与踢定位球相同。

(3) 脚背内侧踢反弹

根据来球的落点及时移动到位，在球离地（反弹）的瞬间踢球，其他的动作要求与踢定位球相同。这种踢球方法多用于踢侧方或侧前方来的由空中下落的球。

4. 脚背外侧踢球（又称外脚背踢球）

由于踢这种球的脚踝灵活性较大，摆腿方向变化较多，且助跑时又是正常的跑动姿势，故其出球隐蔽性较强。足球比赛中，各种距离的弧线球及非弧线球均可使用这种踢球方法。

(1) 脚背外侧踢定位球

这种踢球方法的助跑、支撑脚站位及踢球腿摆动均与脚背正面踢球技术的三个环节相同，脚触球是用脚背外侧部位。此时要求膝关节和脚尖内转，脚背绷紧，触（击）球后身体随踢球腿的摆动前移。

(2) 脚背外侧踢地滚球

踢球的动作、规格要求与踢定位球相同，但支撑脚站位时应考虑球的滚动速度，以保证在脚触球的瞬间支撑脚与球的相对位置符合规格要求。这种踢球方法可用于踢正前方、侧前方及侧后方来的地滚球。

(3) 脚背外侧踢反弹球

脚背外侧踢反弹球与脚背正面踢反弹球的方法相同，只是接触球时用脚背外侧部位触（击）球。

5. 脚尖踢球（又称脚尖捅球）

脚尖踢球时，出球异常迅速，因此雨天场地泥泞时多使用这种踢法。用脚尖踢球时，还可以借助踢球腿的最大长度，踢那些距离身体较远的球。具体方法：用支撑脚跳跃上步，踢球腿屈膝前跨，髋关节尽量前送，双臂上摆协助身体向前，小腿前伸，在踢球脚落地前用脚尖捅球的后中部。

6. 脚跟踢球

这是用脚跟（跟骨的后面）接触球的一种踢球方法。球在支撑脚外侧时，踢球脚在支撑脚前面交叉摆到支撑脚外侧用脚跟击球。球在支撑脚内侧时，踢球脚后摆用脚跟踢球。虽然人体结构的特点决定了用脚跟踢球产生的力量小，但其出球方向向后，因此这种踢球方法具有隐蔽性和突然性。

（二）接球

接球是指运动员有目的地用身体的合理部位把运行中的球停下来，把球控制在自己需要的范围内，以便更好地衔接下一个动作的技术。接球的方法有多种，常用的有脚内侧、脚背正面、脚底、大腿、胸部、头部等部位的接球。

1. 脚内侧接球

由于脚触球面积大，动作简单，较易掌握，比赛中经常使用这种技术接各种地滚球、反弹球、空中球。

（1）接地滚球

身体正对来球，判断来球的速度和方向，选好支撑脚位置，膝关节微屈。接球脚根据来球的状态相应提起，膝、踝关节旋外，脚趾稍翘，用脚内侧对准来球。触球刹那，接球部位做相应的引撤或变向接球动作，将球控制在自己需要的位置上。

（2）接反弹球

接球腿小腿应与地面形成一定的夹角，向下做压推动作时，膝要领先，小腿留在后面。

（3）接空中球

接球腿屈膝抬起，根据需要采用引撤或切挡动作，接球落地后，将球控制在地面。

2. 脚背正面接球

此方法多用于接有较大抛物线的来球。根据球的落点，及时移动到位，脚背正面上迎下落的球。当球与脚面接触的一瞬间，接球脚与球下落的速度同步下撤，此时接球腿膝关节、踝关节、脚趾均保持适度的紧张，脚尖微翘将球接到需要的地方。

3. 脚底接球

由于脚底接球技术便于掌握，易于将球接到位置，故常被用来接各种地滚球和反弹球。

（1）脚底接地滚球

身体正对来球方向，移动前迎，支撑脚站在球的侧面（或前或后均可），脚尖正对来球方向，膝关节微屈。同时，接球腿提起，脚背略屈，使脚底与地面约小于45°（且脚跟离开地面），一般以前脚掌接触球的上部为宜。在触球瞬间，接球脚可轻微跖屈（前脚掌下点）将球停住，也可根据需要在接球同时将球推向前方或拉向身后。

（2）脚底接反弹球

根据来球落点，及时前移迎球，支撑脚站在落点侧后方，脚尖正对来球方向。球落地瞬间，用前脚掌去触球的中上部，微伸膝，用脚掌将球接在体前。若需接球到身后则应在触球瞬间继续屈膝，将球回拉，并伴随支撑脚以前脚掌为轴旋转 90°以上。

4. 大腿接球

大腿接球技术一般可以用来接抛物线较大的高空球和略高于膝的低平球。

（1）接抛物线较大的下落球

面对来球方向，根据球的落点迅速移动到位，接球腿大腿抬起，在球与大腿接触的瞬间，大腿下撤将球接到需要的位置上。

（2）接低平球

面对来球方向，根据来球高度，接球腿大腿微屈，送髋前迎来球。当球与大腿接触时，收撤大腿，使球落在所需要的位置上。

5. 胸部接球

胸部接球部位较高，加之胸部面积大、肌肉较丰满，胸部接球的动作易于掌握，故是接高球的一种好方法。胸部接球包括挺胸式和收胸式两种方法。

（1）挺胸式接球

接球时，身体正对来球，双腿自然开立，膝微屈，双臂在体侧自然屈抬，上体稍后仰与来球形成一定的角度。触球刹那，胸部主动挺送，使球触胸后向前上方弹起落于体前。这种接球方法一般用于接有一定弧度的高球。

(2) 收胸式接球

面对来球，双脚左右或前后开立，双臂自然张开，挺胸迎球，触球瞬间收胸、收腹、臀部后移将球接在体前。若需将球接在体侧，则触球瞬间转体将球接在转体后相应的一侧。这种接球方法多用于接齐胸高的平直球。

6. 头部接球

高于胸部的来球可采用头部接球技术。根据球的运行路线，面对来球，用前额正面接触球的中下部。下颌微抬，双臂自然张开，提踵伸膝。触球瞬间全脚掌着地，屈膝、塌腰、缩颈，全身保持上述姿势下撤将球接在附近。

(三) 运球

运球是运动员在跑动中用脚连续推拨球，使球处于自己控制范围内的动作。常用的运球技术有脚内侧、脚背正面、脚背外侧、脚背内侧运球。

1. 脚内侧运球

运球前进时，支撑脚位于球的侧前方，肩部指向运球方向，支撑腿膝关节微屈，重心放在支撑腿上，另一条腿提起屈膝，用脚内侧推球前进，然后运球脚着地。由于肩部指向运球方向，身体侧转，虽然移动速度较慢，但身体前倾有利于将对方与球隔开，因而这种技术多用在运球中做配合传球，或有对方阻拦需用身体做掩护时。

2. 脚背正面运球

运球时身体保持正常跑动姿势，上体稍前倾，步幅不宜过大，运球腿提起，膝关节稍屈，髋关节前送，提踵，脚尖下指，在着地前用脚背正面部位触球后中部将球推送前进。

脚背正面运球时身体保持正常跑动姿势，可以发挥出较快的速度，因而这种技术多用在运球前方一定距离内无对手阻拦时。

3. 脚背外侧运球

运球时身体保持正常跑动姿势，上体稍前倾，步幅不宜过大，运球腿提起，膝关节稍屈，髋关节前送，提踵，脚尖绕矢状轴向内旋转，使脚背外侧正对运球方向，在运球脚落地前用脚背外侧推拨球的后中部。

脚背外侧运球时，身体姿势与正常跑动时相同，可以发挥出较快的速度，故与脚背正面运球有相同的用途。另外，利用脚踝关节的动作可以很快改变脚背外侧面所正对的方向，故在运球脚一侧改变方向时多采用这种运球方法。这种方法能用身体将对手与球隔开，故掩护时也常使用。

4. 脚背内侧运球

身体稍侧转并协调放松，步幅稍小，上体前倾，运球腿提起外展，膝微屈外转，提踵，脚尖外转，使脚背内侧正对运球方向，在运球脚落地前用脚背内侧推拨球，使球随身体前进。

脚背内侧运球时，身体稍侧转，不能采用正常跑动姿势，因而这种方法不适用于高速运球；但接触部位和支撑位置的特点易于完成向支撑脚一侧的转动，故多用于向支撑脚一侧的变向运球。

（四）头顶球

头顶球技术是传球、射门、抢断的有效手段，特别是争高空球时，头顶球技术尤为重要。顶球技术的特点是争取时间，不需要等球落地就可以在空中直接处理来球，因此，它可以具有时间上的优势和主动权。

头顶球一般分为正额顶球和额侧顶球两种。具体方法有原地、助跑跳起（单脚和双脚）和鱼跃顶球等。

1. 正面原地顶球

面对来球，双脚前后开立，膝微屈，重心放在双脚上。顶球前，上体先后仰，重心移到后脚上，双臂自然摆动，维持身体平衡，两眼注视来球。顶球时，双腿用力蹬地，迅速伸直，上体由后向前快速摆动，借助腰、腹和颈部力量，用前额正面将球顶出。顶球过程中，身体重心从后脚移到前脚，然后再单脚跳起顶球。

2. 助跑单脚跳起顶球

起跳前要有 3~5 步的助跑，最后一步踏跳时要用力，步幅要稍大些。踏跳脚的脚跟先着地再迅速移到脚掌，同时另一腿屈膝上提，双臂向上摆动。身体腾起后上体随之后仰。顶球时,上体由后向前摆动,借助腰、腹和颈部力量将球顶出,然后双脚自然落地。

3. 鱼跃顶球

对于离身体较远的低空球来不及移动到位处理,必须抢点击球时(如抢救险球、射门等)可使用鱼跃顶球技术。当判断好来球的路线和选择好顶球点后,以单脚或双脚用力向前蹬地,身体接近水平态向前跃出,同时双臂微屈前伸,手掌向下,眼睛注视来球,利用身体向前跃出的冲力,以额头正面顶球。顶球后,双手先着地,手指向前,接着以胸部、腹部和大腿依次着地。

(五)抢断

抢断技术是一种积极有效的防守手段。抢断是防守技术的综合体现,是用争夺、堵截、破坏等方式延缓或阻拦对方进攻的一种技术。一旦把球争夺过来,就意味着组织进攻的开始。

1. 正面抢断

在对方带球队员迎面而来时,便可采用这种抢断方式。

双脚前后稍开立,双膝稍屈,身体重心下降,并均匀落在双脚上,面向对手。当对方带球或触球即将着地或刚刚着地时,立即抢球。抢球脚的脚弓正对球,并跨出一步,膝关节弯曲,上体前倾,身体重心移至抢球脚上。如对方已有准备,在双方脚同时触球时,脚触球后要顺势向上提拉,使球从对方脚背滚过,身体迅速跟上,把球控制住。双方上体接触时,抢球人可用合理部位冲撞对方,使之失去平衡,从而将球控制在自己脚下。

2. 侧面抢断

当防守队员与带球进攻的队员并肩跑动,或两人争夺迎面来球时,双方都可采用这种抢断方式。

当与对方平行跑动争球时,身体重心要降低,双臂贴紧身体。在对方靠近自己的脚离地时,可用肩和上臂做合理的冲撞动作,使对方身体失去平衡,从而把球抢过来。

3. 后面抢断(铲球)

这是抢断技术中较难的一种,一般在用其他方法抢不到球时才采用铲球方式。铲球有两种方法：一种是脚掌铲球，另一种是脚尖或是脚背铲球。

当防守人追至离运球人右后方 1 米左右时，可用右脚掌或左脚尖（脚背）进行铲球。当防守人在运球人的左侧时，则用左脚掌或是右脚尖（脚背）进行铲球。以右（左）脚掌铲球为例，在运球人刚刚将球拨出时，先蹬左（右）腿，跨右（左）腿，膝关节弯曲，以脚外侧从地面滑出，用脚掌将球踢出，然后小腿、臀部、上体依次着地，身体随铲球动作向前滚动。

（六）假动作

假动作是指运动员在比赛中，为了隐藏自己的真实意图，利用各种动作的假象来调动迷惑对方，使对方对其动作产生错误的判断或失去身体重心，造成对自己有利的形势，从而取得时间、空间位置的优势，达到自己的真实意图。

1. 踢球假动作技术

运动员已控制球或正准备控制球，准备与同伴配合及接球时，如果对手前来堵抢，挡住己方路线，先可向一方做假动作，当对手以假当真去封堵假动作路线时，突然改变踢球脚法将球传或接向另一方向。

2. 头顶球与胸接球假动作技术

当队员准备接胸部以上的高空来球，对手迎面靠近准备抢球时，接球的队员做出胸或头、接或顶的假动作诱使对手立定，以假当真，在其封堵接、传路线时，突然改变动作，用头或胸将球顶出或接住。

3. 运球假动作技术

运球假动作技术在比赛中是最常见的，它不仅可以用来突破正面对手，还可以用来摆脱来自侧面和后面的对手。

对手迎面跑来抢球时，可用左（右）脚的脚背内侧扣拨球动作结合身体的虚晃动作，诱使对手的重心发生偏移，然后用左（右）脚的脚背外侧向同侧方向拨运球越过对手。

对手从侧面抢球时，先做快速向前运球动作，诱使对手紧追，这时突然减速并做停球假动作，当对手上当时，再突然加速推球向前甩掉对手。

当对手从身后抢球时，运球者用左（右）脚掌从球的上方擦过，做大交叉步，身体也随动作前移，诱使对手向运球者的移动方向堵截，然后以运球脚的前脚掌为轴，突然向右（左）后方转身，再用右（左）脚脚背内侧将球扣回，把对手甩掉。

二、足球基本战术

根据攻防的基本特点，足球战术可分为比赛阵型、进攻战术和防守战术三部分。

（一）比赛阵型

为了适应攻守战术的需要，全队队员在场上的位置排列和职责分工称为比赛阵型。比赛阵型是本队攻守力量搭配和分工的形式，根据队员的职责和排列的层次分为后卫线、前卫线和前锋线。阵型的人数排列原则是从后卫排向前锋的，守门员不计算。

目前，世界上普遍采用的阵型有"4＋3＋3""4＋4＋2""4＋1＋2＋3""3＋5＋2"等。在以上阵型中，除了"4＋4＋2"阵型是以防守为主、以反击为辅的，其他阵型均以进攻为主，尤以"3＋5＋2"阵型更为突出。

选择阵型要以本队队员的特长、技能、技术水平与赛队的特点为依据。此外，阵型绝不是僵化的规定，每个队员都应在明确基本位置和主要职责的前提下，进行创造性的活动。

（二）局部配合进攻战术

1．"二过一"战术配合

"二过一"战术配合是指两个进攻队员在局部地区通过两次或两次以上的连续传球配合，越过一个防守队员的战术行动。"二过一"要求集体配合的基础，可以在任何场区、任何位置上运用这种方法来摆脱对方的抢断或突破防线。"二过一"是进攻的两个队员之间相距10米左右，进行一传一切的配合；传球平稳及时，一般多用"脚内侧""脚外侧"等脚法，以传地平球为主；球传的位置，尽可能是接球人脚下或前面 2~3 步远的地方。

2. "三过二"战术配合

"三过二"是在比赛场地中的局部地区，通过三个进攻队员的连续配合突破两个防守队员的防守的战术行动。由于这种配合有两个同队队员可以同时接应传球，因此使持球人传球路线更多，且进攻面也更大。

（三）整体进攻战术

整体进攻战术是指在比赛中一方抢到球后，通过队员之间的传递配合达到射门目的配合方法。与局部进攻战术相比较，整体进攻战术具有进攻面更大、进攻和反击速度更快等特点。

1. 边路进攻

边路进攻一般是围绕边锋进行的配合方法，因此边锋的速度要快，个人突破能力要强，传中技术要突出。其方法是由守转攻时，获球队员将球传给边锋或其他边路上的队员，从边路发起进攻，经过局部配合突破后，一般采用下底和回扣传中方式，将球传到中央，由其他队员包抄射门。

2. 中路进攻

中路进攻时，边锋拉开，借以牵制对方的后卫，诱使对方中间区域出现较大的空隙，为中路进攻创造有利条件。前场和中场队员要机动灵活地跑位，以有效的调动来拉开对方的防线。进攻的推进应有层次和梯队。传球要准确，技术动作应在跑动中准确简练地完成。

3. 快速反击

比赛中当攻方进攻时，后卫线往往压至中场附近，防守人数也由于插上进攻和助攻而相对减少，如果防守方此时能抓住对方防区空隙较大和回防速度较慢的机会，乘攻方失球之机发动快速反击，往往能取得良好的效果。

(四) 局部配合防守战术

1. 补位

补位是足球比赛中在局部地区队员集体进行配合的一种方法。当防守过程中，一个防守队员被对手突破时，另一个队员应立即上前进行封堵。

2. 围抢

围抢是足球比赛中，在某局部位置上防守一方利用人数上的相对优势（通常是2～3名队员）同时围堵对方的持球队员，以求在短暂时间内抢断球或破坏对方的进攻（防守）。

3. 造越位战术

造越位战术是利用规则而设计的一种防守战术，是一种以巧制胜的省力打法，因而成为一种重要的防守手段。该战术配合难度较大，往往被水平较高的球队所使用，但也不宜过多运用。

(五) 整体防守战术

整体防守战术主要有盯人防守、区域防守和综合防守三种。

1. 盯人防守

盯人防守是指被盯防的对手在哪个位置就盯防哪里的防守方法。盯人防守分为全场盯人和半场盯人。这种防守方法分工明确，但体力消耗大，一旦被突破，很难补位，会使整个防线出现很大的漏洞。因此，在比赛中，单纯采用人盯人的防守方法是不利的。

2. 区域防守

由攻转守时，根据场上位置的分布，每个防守队员负责防守一定的区域，当对方队员跑到本区域时，就负责盯防，离开这个区域，就不再跟踪盯防。这种战术较为省力，但是对方可以任意交叉换位，容易造成局部以少防多的被动局面。因此，目前在比赛中已很少采用这种防守方法。

3. 综合防守

综合防守是指盯人防守与区域防守相结合的防守方法。综合防守是目前各球队普遍采用的一种防守方法，它集中了盯人防守和区域防守的优点，球员能根据场上情况进行抢球、盯人、保护与补位，以达到防守的目的。

第六节 网球运动训练指导

一、网球运动

网球比赛分男子单打、女子单打、男子双打、女子双打、混合双打、男子团体和女子团体七个项目。影响较大、较著名的网球赛事有温布尔登网球锦标赛、美国网球公开赛、法国网球公开赛、澳大利亚网球公开赛。凡参加四大赛的选手，只要有一名（单打）或两名（双打）运动员能在一个年度内赢得这四项锦标赛的单打或双打冠军，便被誉为"大满贯得主"。

二、网球基本技术

（一）握拍

目前，网球基本的握拍法可分为三种：东方式握拍法、西方式握拍法、大陆式握拍法。

1. 东方式握拍法

东方式握拍法分为正手握拍法和反手握拍法。

（1）正手握拍法

握拍手的虎口对正拍柄右上侧棱，手掌根与拍柄右上斜面紧贴，拇指垫握住拍柄的左垂直面，食指稍离中指，食指下关节压住拍柄右垂直面，五指紧握拍柄，拍面与地面垂直。

（2）反手握拍法

在正手握拍法的基础上把手向左转动 90°或拍柄向右转动 90°，使虎口对正拍柄左侧棱面，即用手掌根压住拍柄的左上斜面，拇指直贴在拍柄的左垂直面上，食指下关节压住右上斜面。

2. 西方式握拍法

握拍时，球拍面与地面平行，拇指与食指几乎成直角，拇指直伸压住拍上平面，食指下关节握住右上斜面与拍底平面对齐，手掌从上面握住拍柄。这是底线上旋攻击型打法的首选握拍方法。这种握拍法能击出强有力的上旋球，且稳定性强；但是其技术难度相对较大，初学者在开始学习时较难掌握。

3. 大陆式握拍法

由于其形状像握着锤子的样子，所以又称为握锤式握拍法。由拇指与食指形成的"V"字形虎口放在拍柄的上平面与左上斜面的交界线上，手掌根部贴住上平面，与拍柄底部平齐，大拇指与食指不分开，食指与其余三个手指稍分开，食指下关节紧贴在右上斜面上。这种握拍法无论是正手击球，还是反手击球，都不需要转换握拍，简单灵活；但是底线击球时不容易发力，因此其是底线的攻击性打法所不适宜采用的握拍方法。

（二）基本步法

网球击球时，其脚步主要采用"开放式"和"关闭式"两种方法。

1. "关闭式"步法

左脚向来球的方向迈出一步，双脚的假想连线与来球的方向平行。这种步法在底线正反手击球和网前截击中大量运用。初学者应首先学习这种步法。

2. "开放式"步法

击球时，双脚平行站立，以右脚掌为轴，转胯转体形成击球步法。通常在有一定技术基础的前提下运用这种步法。

（三）发球

发球动作由准备姿势、引拍和抛球、击球动作、随挥动作四个技术环节组成。下面介绍几种常见的发球方法。

1. 平击发球

平击发球的击球点应在身体的右前上方,击球的后上部,挥拍时"鞭击"动作发力要集中,充分向上伸展身体以获得最高的击球点,从而提高命中率。这种发球几乎没有旋转,球差不多笔直地下去,力量大,往往贴着网才能进入场内,在绝大多数场地上球反弹较低,一般用于第一发球;发球成功时有时能直接得分,但失误率较高。

2. 切削发球

这种发球实用且易掌握,对初学者最适宜。它是一种以右侧旋转(稍带上旋)为主的发球法,球抛在右侧前上方,球拍击球部位在球的右侧偏上方,整个挥拍动作是从右侧上方至左下方,使球产生右侧旋转。球的飞行路线是一条从右向左的弧线,可以提高命中率并把对方拉出场外回击,尤其在右区发球。切削发球的准确率高,常用于第二发球。

3. 上旋发球

上旋发球时,抛出球的位置在头后偏左的头上方,拍面的触球点在球的中部偏下方。击球时,身体成弓形,利用杠杆力量对球施加旋转,球拍快速从左向右上方挥动,并从下向上擦击球的背面,使球产生右侧上旋;球的过网点较高,落地急速,球落地后反弹很高。上旋发球难度较大。

(四)接发球

接发球在态势上是被动的,受发球方的制约,并且发球在瞬间千变万化,多数发球都指向接球方软弱的地方,因此,接发球技术是最难掌握的技术之一。接发球的站位一般位于端线附近,力求在接发球时向前移动击球。双脚平行站位,比肩略宽,右手持拍者一般右脚稍前,双膝微屈,上体稍前倾,脚跟提起,将球拍置于体前。

在接发球时眼睛始终要注视来球,一直到完成还击动作。要观察对手的抛球,这样有利于判断发球的方向和旋转。对方第一次发球时多采用大力发球，站位应偏后一些；如果对方是第二次发球，站位可略向前移，这样有利于采取攻击性的还击。

接大力发球时不要做大幅度的后摆动作，主要是控制好拍面角度，并握紧球拍，以免拍面被震转动。还击来球之前要观察对方行动，对自己的回球路线和落点要有所考虑。选择好接发球落点，对控制对手发球后抢攻有重要意义。

三、网球基本战术

（一）单打战术

1. 变换发球的位置

一个聪明的运动员能通过改变发球的位置来取得优势，因为这种战术迫使对手必须从不同角度来判断不同旋转的球，回球的难度会大很多。

2. 发球上网战术

发球上网是一种利用发球的力量主动进攻，先发制人，然后上网抢攻的战术。它是上网型选手在比赛中的主要得分手段。

3. 接发球破网战术

对付发球后直接冲到网前的对手，挑出有深度的高球是相当有效的破网方法。

4. 攻击对方反手

大部分球员的反手是比较弱的，只要加大力量攻击对方反手，迫使对方逐步离开场区的位置，就可掌握主动权。

5. 不上网战术

发球或接发球之后，如果自己不上网，应该把对方也控制在端线后面，使对手也难以找到得分的机会。在一次较长的端线来回球中，谁耐性差，谁就有可能因失误而失分。

(二) 双打战术

1. 双上网型

双上网型球员的战术特点是坚持以快为主、以攻为主的战术指导思想，以快、准、狠为得分手段，利用发球上网，争取前三拍得分。这种打法的主要阵地是在中前场，主要分工是以发球方的同伴在网前主动出击较多，以快速大角度的正、反手截击技术为主要进攻手段。

2. 一前一后型

一前一后型打法，坚持以攻为主的指导思想，主要的阵容是一前一后，两名球员分工明确。网前的球员利用截击球得分，底线球员利用底线正、反手击落地球为网前方球员创造抢攻机会，也能够为网前的球员补位。

3. 双底线型

双底线型打法是双打防御体系中的主要打法之一，尤其是在接发球局中接发球员和同伴退至底线，利用快速多变的底线技术控制对手，积极防守，守中反攻，抓住机会上网，形成双上网阵型或一前一后阵型。双底线阵型也是双上网型打法和一前一后型打法的过渡阵型。

参考文献

[1]王冬梅.高校体育教育创新发展研究[M].长春:吉林人民出版社,2021.

[2]高慧林,耿洁,张丽.现代体育教学创新与运动训练发展研究[M].北京:中国华侨出版社,2021.

[3]李慧.高校体育教学改革与科学化训练研究[M].沈阳:辽宁大学出版社,2021.

[4]戴显岩,张玉丹,李大威.体育与健康适用于北方高校[M].北京:清华大学出版社,2021.

[5]秦德平,徐新建,马荣超.应用型高校体育与健康教程[M].厦门:厦门大学出版社,2021.

[6]李海英.新时代高校体育教学的多维研究与运动教育模式[M].北京:人民体育出版社,2020.

[7]朱海莲.普通高校特殊体育教育教学研究[M].杭州:浙江工商大学出版社,2020.

[8]张鹏.高校体育文化教育与运动研究[M].长春:吉林科学技术出版社,2020.

[9]钟贞奇.大学生体育健康与体育运动[M].长春:吉林人民出版社,2020.

[10]谢丽娜.高校体育风险管理研究[M].长春:吉林人民出版社,2020.

[11]杨乃彤,王毅.高校体育教学创新及运动教育模式应用研究[M].北京:九州出版社,2019.

[12]张斌彬,李晓雷,王晶.体验式教学:高校户外运动教学与实践研究[M].北京:应急管理出版社,2019.

[13]李纲,张斌彬,李晓雷.高校户外拓展运动教学与心理拓展实践[M].郑州:黄河水利出版社,2019.

[14]刘伟.高校体育教育创新理念与实践教学研究[M].北京:九州出版社,2019.

[15]邱建华,杜国如.体育与健康教学研究[M].南昌:江西科学技术出版社,2019.

[16]岳抑波,谭晓伟.高校足球运动理论与战术技能研究[M].长春:吉林人民出版社,2019.

[17]鲁长春.高校田径教学与训练实践研究[M].沈阳:沈阳出版社,2019.

[18]李志伟.现代高校体育与健康教程[M].天津:天津大学出版社,2019.

[19]徐勤儿.大学体育[M].苏州:苏州大学出版社,2019.

[20]严美萍.高校健美操与校园体育文化的协同发展研究[M].长春:吉林大学出版社,2019.

[21]余丁友.现代篮球运动教学与训练研究[M].北京:冶金工业出版社,2019.

[22]肖洪凡,刘晓蕾.休闲体育课程建构理论与实践研究[M].石家庄:河北人民出版社,2019.

[23]孔宁宁.高校竞技健美操体能训练与健康教育[M].延吉:延边大学出版社,2019.

[24]赵萍.健美操课程教学分析与实践创新[M].长春:吉林大学出版社,2019.

[25]宋珊,李大鹏.篮球教学与训练研究[M].长春:吉林出版集团股份有限公司,2019.

[26]冯斌,王一乐,郭华帅.现代高校体育教学与运动训练方法研究[M].长春:吉林大学出版社,2018.

[27]王建军,白如冰.高校体育文化教育研究[M].长春:吉林美术出版社,2018.

[28]孙宝国.高校体育审美教育研究[M].长春:吉林美术出版社,2018.

[29]马鹏涛.高校体育教学改革创新与科学化训练研究[M].北京:新华出版社,2018.

[30]曹宏宏.高校体育与健康课程教学实践改革研究[M].长春:吉林出版集团股份有限公司,2018.